阿乙作品精选

名家作品精选

阿乙 著

長江出版傳媒 | 长江文艺出版社

图书在版编目（C I P）数据

阿乙作品精选 / 阿乙著. -- 武汉 ：长江文艺出版社，2019.11
（名家作品精选）
ISBN 978-7-5702-1080-0

Ⅰ. ①阿… Ⅱ. ①阿… Ⅲ. ①中篇小说－小说集－中国－当代②短篇小说－小说集－中国－当代 Ⅳ. ①I247.7

中国版本图书馆 CIP 数据核字(2019)第 188732 号

责任编辑：马　蓓　　陈　聪　　　　责任校对：毛　娟
封面设计：沐希设计　　　　　　　　责任印制：邱　莉　　王光兴

出版：长江出版传媒 | 长江文艺出版社
地址：武汉市雄楚大街 268 号　　　邮编：430070
发行：长江文艺出版社
http://www.cjlap.com
印刷：武汉中远印务有限公司

开本：640 毫米×970 毫米　　1/16　　印张：13.25　　插页：1 页
版次：2019 年 11 月第 1 版　　　　2019 年 11 月第 1 次印刷
字数：155 千字

定价：29.80 元

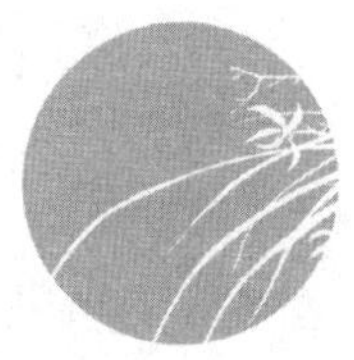

目　录

乡村派出所 / 1

情人节爆炸案 / 31

隐士 / 111

小人 / 124

阁楼 / 137

作家的敌人 / 157

肥鸭 / 174

销魂 / 193

乡村派出所

一件没有侦破的案子

十三年后，发生在岙城化工厂的那起案子，还像未揭开的谜挠拨我的内心。那是个大白天，工人们捧着饭盒，围在龟裂的水泥场，此起彼伏地议论，昨天晚上还好好的，今天就没了。岙城派出所赵德忠警长带领我和小李两个实习生赶到时，看见一台人力板车正孤零零地趴着，没有了轮胎，情况好像残疾人被夺走一对假肢，委屈死了。

根据厂保卫科长的讲述，偷窃这副轮胎的难度不亚于偷窃银行。工厂四周是一米多高的围墙，墙上有铁丝网，合计有两米高，整个工厂只有一个大门，门口二十四小时有精干值班，厂内晚上也有巡逻队。而且，事发时，不少工人还在灯火通明的车间加班。

“这简直是挑衅。”

赵警长当过侦察兵，曾经将偷窃重要物资的战友送上军事法庭。他很快判断这是一起简单的监守自盗案件，他对我们说，流窜盗窃的前提是踩点，从目前条件看，外人很难掌握这里的财物状况和周边环境，而有数据表明，发生在工厂的盗窃案百分之六十五至八十系监守自盗。

赵警长说：可喜的是，这些人都住在厂宿舍，并没有离开工厂一步。

我们和保卫科长拟定了一个计划，就是由他召集车间主任，由车间主任召集组长，由组长召集工人，分期分批进行询问。问题有两个：凌晨三点到五点你在干什么？有什么证据证明你当时在睡觉或上班？

工人们回答什么并不重要，关键是他回答时会出现什么生理反应。赵警长命令我和小李当好测谎仪，死死盯住回答者的动作细节。可是工人一个个来了后，表情却是一致的，都是东张西望地看看办公室，然后不知把双手往哪里搁，也不敢看着我们。有几个仅仅因为年轻或发型不对，就有了嫌疑，可是他们提供的证据恰恰是最完备的，他们说，你们去问老王。憨厚的老王来了后，说他们确实是在加班，连尿都没撒。

赵警长说，狐狸比我们狡猾，比我们心理素质好。

调查完后，保卫科长来喊吃饭，赵警长不放心，说要让他相信工人一个也出去不了才敢吃，科长说没问题。来到食堂小包间后，我们看到四菜一汤已摆好，是四个大脸盆，盛了鱼肉和整鸡，汤里面漂浮着几只甲鱼。科长打开一瓶酒，从瓶盖里掏出折叠好的一美元来，对属下说，今天谁喝好了，奖谁美钞。赵警长说不会酒，可是架不住喝了三杯，当下醉了，只听他迷迷糊糊地说：今天到这里了，工人们要出去就放出去，晚上巡逻紧点，提防小偷转移赃物。

次日下午，我们赶到化工厂，科长说，看得很紧，没什么动静。赵警长说，那就好，还没转移走。然后我们像是忘记钥匙放在哪里的人，带着迟早会找到的信心在厂里四处巡查。我们相信轮胎就躺在某个坏旧机器的背后，或者某个粪池边上的挡雨布里。在路过杂物间时，赵警长跳了几跳，跳不高，便叫我跳，我也跳不高，便又叫小李跳，小李一跳，就看到平房的屋顶了，那里躺着破碎的石棉瓦。

我们甚至研究了小偷将轮胎运上树的可行性，可是在枝繁叶茂里面，是无辜的鸟儿在筑窝。我们被失败的情绪席卷，以致后来吃晚饭还魂不守舍，保卫科长说什么不记得了，吃什么也不记得了，只觉得相对油水充分的食物，莴笋实在是佳肴。

是时候否定侦破方向了。回派出所后，赵警长似乎觉得“优秀侦察兵”的荣誉正在迅速褪色，揪着头发和自己来气，许久才疲倦无力地说：东西不在厂里，得把“内外结合偷盗”和“外盗”这两种情况考虑进来了。

次日一早，我们没有进厂，而是绕着围墙走。墙外长了很多蒿草，蒿草上还有露珠，赵警长要我们注意植物被压坏的情况。轮胎有几十斤重，从墙内扔出来时，肯定会留下痕迹。可是我们看了一上午，看到的却只是一些卫生带和上边黑硬的经血，还有几只老鼠尸体，苍蝇正从那里一哄而散。赵警长说，也许蒿草的弹性很好，那么我们往芦苇荡去。

我们从墙边坡道下来，分散进入芦苇丛，就好像闯入一个阴凉奇异、无边无际的世界，皮鞋很快涌入泥浆。我走着走着，把肚子走饿了，想会不会有铠甲很厚的地鼠钻出来，对着我眨眼。在岙城，我可没少吃这鲜美的野味。我确实看到几个洞，可惜被积水淹了。我对自己说，轮胎轮胎，你要找的是轮胎，可是意识还是分散开了。在我以为就要走入虚空，就要走入黑夜时，小李的背影从最后一丝光阴里浮现出来。他正在撒尿。

天黑完时，我们从近路折返派出所，忽然看到远处田埂有个人影舞动着手电，射来射去。待走近了一看，却是保卫科长，他说：

辛苦了，辛苦。手电光晃到我们脚上后，他又心疼地说，看看，鞋，都是泥巴。赵警长说，没什么，这点苦受不了，还做什么警察。

晚饭自然又是在化工厂吃，一个副厂长来陪席，大家说了几句话忽然静默了。厂方静默是因为深感过意不去，我方静默也是因为深感过意不去。两方又几乎同时打破静默，副厂长说，感谢，太感谢了。赵警长说，你看，案件还没什么进展。

保卫科长马上圆场，吃吃。

吃完出食堂，我看见几个头发花白的工人穿着污秽不堪的工服，拿铁勺敲打瓷缸，好像是在敲首老歌，不是我们这个年代听得懂的。我们路过时，敲打的声音弱下去，走开后，又响起来。

回派出所后，赵警长也不换鞋，也不洗澡，坐在沙发上叹气。我们正要劝，他却霍地站起，说，快，拿手电筒，我们去山上看看。我和小李闷了，一天下来腿已经酸胀了。赵警长看出不情愿后，愤恨地说，好，我自己去。我们便只能跟着去了。

天上有些月光，我们打着手电，穿越蒿草和芦苇荡，走上好似没有归途的土路。赵警长说，可以想象，当时小偷就推着轮胎在这条路上走，你们留心看地上有没有印子，我就不信他一直扛在肩膀上。

我们啥也没看到，只觉好困。如此晕晕乎乎地走，忽听赵警长大喊：找到了。我们顿顿神，蹲下去看，果然看到路上有两道凹下去的车辙，车辙中间有~~的纹路。这不正是轮胎辗过的迹象吗？

赵警长像个孩子一样笑了，说，他是终于从肩膀上放下轮胎了。

斗志昂扬朝前走了五六分钟后，一间黑漆漆的土屋闪现在面前。土屋的窗户边正好竖着一台板车，板车边又有一只轮胎，赵警长兴奋了，上去踢门。农民醒来，拉亮电灯，打开门，我们提着轮胎就进去研究了。灯光昏暗，我们又打亮手电，终于看清轮胎上边有三块补过的皮革，好像三块癣，与被盗的那只不合。可是这种改装好似人人都会，杀人犯杀了人还知道改换发型呢。赵警长便去撕皮革，农民凄楚地说，不能撕啊。

可是赵警长还是义无反顾地撕了，手撕不下来，就用指甲钳夹住扯，那块皮就扯下来了，赵警长摸了摸，看了看，好像真是补胎补上去的，想想不放心，又用小刀刺，力气用大了一点，刺刺的声音马上传出来。轮胎瘪了。

赵警长说：这么脆弱，你是清白的，这轮胎是你的。明天你推到派出所，我找人帮你补了。

回来时，我将胳膊搭在小李肩膀上，像伤员一样走，听到赵警长总是说，奇了怪了，那么大一东西说没就没了，奇了怪了，变魔术啊。

接下来几天，我们在路口守查，到废品收购点排查，安排人去找情报，均找不出头绪，每日的午饭和晚饭却总是在化工厂定时吃了。这样吃了一个礼拜，我们便赖在派出所，谁知保卫科长找上门来，说是在云翠餐厅已经安排好了。赵警长羞赧不堪，说，无功不受禄。

保卫科长说：什么无功不受禄，你们已经做出很大贡献了。

赵警长说：什么贡献？一只轮胎值五十块钱，我们吃掉快两千了。

保卫科长说：话不能这么说，今天五十块钱的口子不刹住，明天五千、五万、五十万的口子就开了，国家财产就大量流失了。

赵警长说：可我们连五十块的事都没能给你们一个说法啊。

保卫科长说：你们至少威慑了犯罪分子。

赵警长说：我不去，你问别人去不去。

保卫科长说：你不去我就不走。

赵警长说：你就不走吧。

保卫科长去找所长，所长像包青天一样背着手，迈八字步，一边点头一边嗯，嗯完了大声招呼：小赵，小艾，小李，一起去。

我们四人杀到云翠餐馆后，洋洋洒洒一二十个菜已经热气腾腾上了桌，洋洋洒洒一二十个人已经嗑着瓜子起立了。保卫科长逐一介绍，这是朱厂长，这是何厂长，所长一摆手，说，谢谢，谢谢，都认识。保卫科长又腼腆地介绍另外一桌，说，这是我内人，我孩子，这是杨科长内人，都来了。

所长伸出大手，说，你好，你好。

后来，赵警长自己掏钱买了一只旧轮胎，派我和小李送到化工厂了。保卫科长说，是，就是这只。然后欢欣鼓舞地把它推到水泥场。远远看去，那只失去双腿的板车，像离婚的女人，已经等了很久。

在流放地

如果上天有帝，他擦拭慈悲的眼往下看，一定会看到沟渠似的海洋、鲸脊似的山脉、果壳般的岙城派出所，以及蚕子大小的一张桌子。桌子的南北向坐着警校实习生我和小李，东西向坐着民警老王和司机，四个渺小的人就着温暖的阳光打双升。

扑克天天在打，当时的我只觉一夜没睡好，像是被绑架而来，并不觉得有什么，现在却觉得诡异。

有时一些俗语也是诡异的，比如“百年修得同船渡”。一个男的因为父亲忙，拿着讨账单上了船，一个女的因为感冒要去对岸看病也上了这艘船，两人素不相识，下船后却去了民政所登记结婚。而我、小李，以及一大堆同学之所以来到石山县实习，也是因为石山县公安局局长的儿子高考时少几分没上线。警校破格招收了人家公子，人家知恩图报把石山县建成实习基地。我就这样从魂牵梦萦的省城来到陌生的石山地区、石山县，然后被石山县局政工科长随笔一划，划到柏油路晒满柚子皮的忝城乡。

我在这个鸟地方遇到五十岁的民警老王。一个民警的人生轨迹按照常理判断，应该是“乡下派出所—刑侦大队—局某个有油水的科室”，可是老王却反过来了，是“局某个有油水的科室—刑侦大队—乡下派出所”，好似朝官苏轼一贬黄州，二贬惠州，再贬儋州。按照司机的说法是，老王品质出了问题，先是在局里有笔账对不上，接着在刑侦大队和女嫌疑犯的逃跑没脱开干系，由此像块抹布被塞过来了。老王在派出所待着时，日日指桑骂槐，说都不是东西，有次说自己在县城带了个女人去洗浴中心洗澡，洗到一半，门被踢开，是局纪委的来抓奸。“狗戳的，我让你们好好看着，这淫妇是我老婆。”

也许是这罕见的贬谪使老王变成一个怪物，在路过他的办公室时，我时常能听见凄楚的叫喊声，偷东西的喊一声，老王就阴阳怪气地说“何辉东我让你喊”，赌博的喊一声，老王也阴阳怪气地说“何辉东我让你喊”——何辉东就是这里的局长。而在我见不到他时，那又准是他坐吉普车下村了，回来时他一般满脸酒气，像充血的阳具。司机说：就为了下去混包烟，汽油烧了大半缸，红梅哎，四块五一包。

派出所的所长和一切有前途的民警根本不想惹、不想理老王，关系老早就挑明了，你我只是同事。老王似乎悻悻。他现在也许要感谢上天给他派来两个年轻的外地实习生，他可以用鹰爪掐着他们的肩窝，呵斥他们，让他们走十几里路去取个毫无意义的证，在他们回来后又让他们重新去取，如此来来去去，他便有了狱卒式的快

感。在陀思妥耶夫斯基的《死屋手记》里有这样一句话："只要让囚犯不停地重复某种毫无意义的工作，比如把甲水桶里的水倒在乙水桶里，再把乙水桶里的水倒在甲水桶里，如此反复，囚犯肯定要自杀。"当时我的感觉就是这样。

现在，老王的右手捏住左手的两张牌，想出又不敢出，想了很久，去桌上废牌里一张张查，却是越查越犹豫，越查越担心。我心说，不就是梅花一对10吗？我快困死了，我一夜没睡。我就在这暖酥酥的午后阳光里，微闭着眼，慢慢走向混沌，许久才听到霹雳一声响：对10！

我勉强睁开眼，抽出梅花两张甩出去，说"管了"，老王大怒，说"要什么赖"，我定睛一看，出去的不是对J，而是JQ各一张，急忙抽出手中另一张J，可是老王五指伸出挡好，"年轻人啊，要谁呢？"我想发作，愤怒的河流却在喉管处倒流下去，我知道自己的身份。可是我又确曾感觉到有愤怒声势浩大地来过，我这是怎么了？我的脾气很好的。

老王捡了这二十分，控制不住笑意，风吹过这脸肌颤动的笑意时，像是吹拂收到金条的太监。这局完了，我听到变态而幸灾乐祸的声音：钻！

我涨红脸，像条狗钻到桌子底下，看到那边已经蹲下的小李很无奈地摇着头。后来的很多局都是如此，一个像老年女人的声音在一次次下判决：钻！我慢慢麻木了，觉得命该如此，有次不该钻，竟恍惚着钻过去半个身子。

老王哈哈大笑，说，瞧你多像条狗啊，不给钻也钻。

我起身时，本已冰冻的愤怒之河忽然返涌上来，我匆匆把牌洗好，说，抓。老王抓一张牌，舔一下口水，恶心得要死，我心说，再不让你了。老王仍像从前一样，把每张牌当围棋下，将我拖入到他漫长而无聊的长考当中。可是我决心已下，只要他一出牌，就迅速把自己的牌拍出，他出对 7 我就出对 8，他出对 K 我就出对 A，他想把牌抽回去，我就死死压住。小李的脚在桌子底下踢我，可我忽然就是这么坚决。

老王起先还想讨好，见我眼眶突出，被激怒了，也开始愤愤地出牌，好像要在战场上将我心服口服地整死，可是分数却在我面前不由分说地多起来，过八十分时，他的脸色不好看起来，到一百八十分时，就蜡白了。这样他还没完，钻桌子要到两百分，他的尊严看起来还牢固得很，我甚至都知道他要说“让老子钻没那么容易”，他有这个侥幸。

我手里抓着一张大王和所有人手中最后的一对，这一对将把老王埋下去的五分翻成二十分。底下埋五分的人就是这样，小肚鸡肠，患得患失，外强中干，不堪一击，可是他竟然还说“五分我让你们捡”。听到这可笑的话，我眼前辉煌的终点摇晃起来，我几乎幸福得坚持不住了。

果然，他倒数第三张没有出自己那张大王，我把大王拍出来，又把那一对拍出来。老王眼睛傻在那里，我把底翻开，找到那张方片 5，说：钻吧。然后便看见汗珠像饿鼠从老王的发根里蹿出。不一会儿，这个失败的老头转动一下眼睛，很快换了一张牌，说：小伙子且慢，你的一对我管得起。

我站起来说：你哪来的一对？你偷来的老 Q 是我第一手出的。钻吧。

老王好像正在作案的小偷忽见顶棚的灯全部打亮，竟是无地自容起来，他恳求着说：就是你错了，就是你错了。我清脆地回击：钻！

我原以为他不可能妥协，可他却命令司机端起桌子，猫腰穿了

过去。我本来一直在等这个场景，它来了却忽然没了快感，就好像真是一条狗在面前毫无关系地路过。我木然地坐下来，眼眶有了湿意，重新陷入麻木而随意的情绪中，重新胡乱地出牌，而老王已像条发怒的豺狗，在牌桌上左嗅右嗅。

对这样狭隘的报复，我一点兴趣也没有。他让我钻我就钻，我什么脾气也没有。可这也触怒了他，他想我应该像个被强奸的妇女，死抓床单，狂呼救命，表现出受凌辱的样子，可我却麻木地袒露着身体，像一条死鱼，连话都懒得说。有次我钻出来还面露微笑，我不知道怎么就微笑了，我控制不住稀奇古怪的情绪。老王紧张地盯着我脸上盛开的花朵，备受嘲弄。

我合拢牌，有气无力地说：不打了吧，我困了。

老王斩钉截铁地说：不行。

我就像晾晒着的被单，风往这边刮，就往这边飘，风往那边刮，就往那边飘。我有一张没一张地出着，头慢慢往桌上凑，终于跟着睡意走向另外一个世界了，然后又迅速感到肩窝处传来刺痛，我犟直头，盯着老王，说：放下。老王恶狠狠地说：好好出你的牌。

我便秋风扫落叶，三下五除二，把手上两个拖拉机打出去，又用一个拖拉机扣底，把分数变成两百多了。我不承认自己是在戏弄这厮，只是这把牌太好了，我不想打他偏偏让我打了，现在好了，牌局可以结束了，我可以原谅他，回到床上睡觉。可是，从嘴里飘出的声音却是“钻”。老王没有反应，我看看他，他正抚着脸上的汗寻思挽回尊严的策略。我知道他有的是办法，这个贪恋扑克牌像贪恋女人一样的怪物很快将从冰窖嚣张地归来——无论如何，我都只是个可供欺负的实习生。

老王敲着桌子说，你不好好打。

我无力地说，你钻不钻？

老王敲桌子的节奏更快了，好像要告诉我他的愤怒多么急迫——你不好好打，是你不好好打。

我说，好，那就不打了。

说完我站起来。我承认我现在还没摸清老王是什么脾气，我正要走，他又推起半边桌子气呼呼地钻了过去。到此时为止，一切还都属于一个派出所内部的正常活动。

可是，在一种凄苦的情绪将我裹挟住，并促使我做出更坚定的决定后，事情发生了可怕的变化。我知道老王肯定要通过牌局组织更疯狂的反扑，我知道这天我不钻几十趟不会结束，可是想钻忽然也难，是要让他次次打我们小光啊，我觉得这是荒谬而永无止境的任务，就好像西西弗斯把石头一次次推上山，推上去，还要回到山脚继续推。我如果不坚决点，就永远走不出这无聊的圈套，我并不是你的羔羊啊，老王。

老王兴奋地洗牌时，我把那个决定说出来了，不玩了，到此结束。然后头也不回地走向厕所。我看到前边是一条十米长的细小水泥路，路两边是肥沃的青菜和一辆废弃摩托，吴教导老婆洗好的床单正在微微飘荡，太阳如此明亮，床单上的蜜蜂在一朵红色大花上清晰地展翅飞翔，花有六颗瓣，瓣中心有十二根嫩黄的花蕊。可是在我的脑后也有一双眼睛，我看到无数根白发瞬间从老王的头皮生出，我看到他身体筛糠起来，他努力了几次才扶住自己，然后眼睛冒出被羞辱的火。他抽出笨重的五四式手枪。

在警校练习射击时，我就知道五四式比六四式笨重，正因为笨重，瞄起来准，杀起来狠，而我宽大的背部现在就是那硕大的靶子，这块靶子在只有十米的水泥路上强制着镇定移动，随时都可能被洞穿——在这么有效的射程范围内，最笨的射手也不会失手。

我听到后边传来气急败坏的声音：你让老子钻了，你不来，你

不是要老子吗？你给我站住。

我听到后边传来焦急的声音：别啊，他还是小孩子，真是孩子。

我听到后边枪栓拉响，一颗子弹上了膛。

我的腿微微抖了一下，像是很饿很饿，可我还是昂首继续往厕所走。厕所的边墙写着最后一个汉字：男。那荒谬的汉字近而遥远，那时间凝滞了，我的背部湿透，我在等待飞啸而出的子弹。

可是在双腿自行行走很久后，我还是走进边墙的阴影了，就像士兵走进掩体。那个怪物失败了，他不知道该怎么处理那把枪了，放回去丢面子，端在手里也丢面子，最后应该是司机不容分说帮他塞回枪套了。他连说几声“干什么”，没有阻挡住司机的好心。

厕所内有两块长木板，木板下是只大粪缸，蛆虫们拥挤着往外游，游到缸沿一半又溜了下去。我裤子也没脱，掏出口袋里一封揉皱的信，蹲在木板上一边看一边号啕大哭。那是一封致“呑城派出所艾国柱先生”的信。

我昨天接到时看到“先生”二字已承受不住了，急急打开看，种种不祥的预感一一坐实。这意味着，从一九九五年的此日起，我被正式宣判放逐了。这个女孩绞尽脑汁花半小时写了很多温暖的话，又觉得这样会给别人留下奢望的机会，就又加了些严厉的话，想想过于严厉了点，就又去写些温暖的话。她不知道最后写完时，这信已和法院判决书一样硬朗，格式如此：你的行为……，导致后果……，鉴于此……。

她的意思如此明显。而我那么爱她。我对她持久的追求与骚扰，属于我的初恋以及我在这个世界的存在，全部被判定为不合法了。那诡异的事情发生在两年前一个下午，一个男的因为父亲忙，拿着讨账单上了一艘船，一个女的因为感冒要去对岸看病也上了这艘船，两人素不相识，下船后男的开始单恋。好了，这事情他妈的结束了。

我把信丢进粪坑，擦干眼泪走出来，太阳模糊了，远处的司机、小李正在接受老王对年轻人虚张声势的批评，我知道他的脊梁骨被我敲断了。我低下头，不去看他，以示我很害怕。我会给年纪大的人留点面子。

敌敌畏

岙城是个有历史的地方，唐宋八大家有三家距此地不远，走到村社，见牌坊不是“进士及第”就是“状元世家”，字迹遒劲，千年不坏，不由人不想起当年“文官下轿武官下马”的盛景，惜乎如今石级，新鲜的、不新鲜的牛粪码了好几堆。而村民人等，或荷锄或挑担，躬身不语，一截截走入黄昏，好似一截截走入坟墓。我来这里实习前，爷爷已经入土，只在墓碑上留三个字“艾政加”，送葬归来，我忽然想到一个问题。

我问我：你的曾祖父叫什么？

我答：不知道。

这个简单的问题意味着清代末年一个瑞昌农民永远地消失于地表之下，因为山洪、开荒的缘故，这几根骨头还可能被狗作为下午的游戏叼来叼去，叼到不知什么地方去了。这是四代之内的故事，今天说的故事却是两代以内的。

话说这日阳光普照，我正在岙城派出所水井边搓衣服，忽见一辆北京吉普杀到眼前，车内跳下来一位戴金丝眼镜、穿白大褂、背工具箱的斯文年轻人，所内民警老王小跑过来，两只手捉住人家一只手，抖起来。

几分钟后，老王召集我和小李两个实习生谈话，我就知道来者的背景了，原来是县公安局的法医，是县长的女婿，此行是来开棺

验尸。小李问：王老师，可怕吗？

老王说：你们呀，你们等下记得跟着我。

我心下忽而惶恐起来，可又控制不住“必欲见之”的兴奋。这种心理很难描述，我的爷爷当年听说有个烂醉之人朝天狂喷，急忙去看了，又急忙跟着呕了，我奶奶骂他不长记性，我爷爷说“就是管不住要看，不看过不得”。这好似只可以用“越恶心越想看”来解释了。上车后，我瞅了瞅小李，也是一般的焦急神情，我猛拍他大腿，耳语道：是不是想看那里？

小李说：是啊是啊。

在路上，我们弄清了开棺的因由。原来是岙源村叶老汉的女儿嫁到丰源村，喝农药死了，叶老汉的老婆觉得是婆家害的，在女儿入土七日后唆使叶老汉到县公安局交了八十块钱，申请法医鉴定。

老王说：都喝了，无论人家灌也好，自己喝也好，都是喝下去了，怎么判别自杀他杀呢？

法医拿纤细如女人的手给老王点着了火，说：也有可能是掐死或者是捂死了，再往里灌，伪造成自杀的样子。这个太好判断了，人死了不会吞咽，死后被灌，毒药根本进不了脏器，《洗冤录》里就有“银针探喉”的办法，针插进去就知道详细。

车还没到丰源村时，前头就有一男一女两个老人招手，法医说，就是叶老汉他们。叶老汉干瘦短小，皮包骨头，脸上光滑，好似闷紧的鼓皮，嘴角边有颗红豆似的痣闪闪发光，两眼好像刚从洞里小心探出的鼠眼，明亮，虔诚而又惶恐。见到我们后叶老汉轮番打一块二一包的烟，说：丑烟丑烟。

法医没有接，他的手就寂寞一下，老王推了一把，他的手又尴尬一下，小李礼貌地说不抽不抽，他就客气地笑笑，我接了根夹在耳根上，他才放心地给自己点火。他说，是这样的啊，是这样的啊。

他老婆是个怒相，大声抢白：什么这样那样，你们可来了，你们做主啊。然后就擦眼睛，擦出好些眼泪来。

踩着一个个稻茬，我们走向松软稻田的中央，那里又有一男一女两个老人在你一锹我一锹地铲土，我们走到时，棺材已经露出来了，二老正在擦汗，叶老汉老婆大斥：尊敬的亲家，别停啊，别停。

那婆婆还口道：是你女儿自己要死的，我们拦不住。

叶老汉老婆听得身子抖了，咬牙切齿地说：不是你们逼死得了吗？

旁边人看不下去，也狠狠地说：人家老人都来铲土了，你还要怎样？

叶老汉老婆便扑在地上喊：政府你要做主啊，他们狗瘪的人多势众，欺负人欺惯了。

那婆家的人一下涌过来，喊：你骂谁狗瘪呢？

老王见状，抽枪朝天打了一枪，大家听到声响，住了。老王说：你们都给我住嘴，都给我退后，退到一百米以外，不要耽误法医工作。大家好似不肯走，老王提着枪就赶着他们走了，我原以为他还会回来，谁料他坐在田埂上遥遥地抽起烟来。

这边法医已经打开工具箱，刀子、剪子、镊子、勺子、锯子，林林总总，银晃晃发光，往里边竟然还有一把小银斧，一下让人想到碎尸了。我和小李看着厚黑的棺材盖发呆，都觉得下边不可测，这时，法医温柔的声音飘过来：愣着干什么呢，抬棺材板。

我们这时知道苦楚了，磨蹭到坑里抬，那棺材板原来是凹凸吃合的，用了几次力就松动了，猛一揭开时，一股死老鼠的腐气冲出来，好似一堆无形的苍蝇飞舞出来。我尽量偏头，不去理会那具已经存在于余光的尸体。

将将上来，我们不停拍手，谁知法医又令戴上塑胶手套，下去抬尸体。

这会儿，我才算看到恐怖的死者了。却是头发像干枯的渔网，耳根还有绿色的斑痕，好似墙角的锄头长出绿苔藓，那眼睛微微闭着，露一点眼白，那嘴唇已像腊肠，肥厚且翻卷严重，那腿上裤子还好，上身的确良衣服却是死活盖不过肚脐眼，袒露出来的肚子像是充好气的一只褐色气球。

我几乎就要吐到她身上了。

我不想看了，我想逃，却又只能偏着头探下手去，抓住布鞋时，冰冷的地气忽而传进身体，使我筛糠起来。

费了九牛二虎之力，将这垂下双手的尸身抬到路面备好的油纸布上后，我和小李就摇摇晃晃跑开了，我跑到一半坚持不住，蹲在地上，狂吐不止，好似体内每个脏器都拼命往喉管挤，好像要被挤死了，然后我听到前边传来更猛烈的呕吐声和老王阴阳怪气的笑声。

法医在后头喊：快回来啊。

可是小李还是发疯地往前跑，他抢到人群当中一根点燃的烟，大口抽起来，咳嗽声和眼泪一起喷出来，没个休止。

后来，我们尽量躲避着夹杂尸气的东风，重新走到尸身旁，好似有了经验，镇定了不少，法医让我们手里提着塑料袋时，也觉得能扛下去。这个时候，法医已经剪开死者的衣服，一个褐色女人袒露在我们面前，丑陋而完整，只是不能说话而已。可是亮得反光的尖头小刀只是从锁骨处往下笔直地一划，那皮囊带着黑血坏肉便往两边一摊，暴露出人类的恐怖内在：暗红色的脏器像电风扇叶片倒挂着，一些黑血凝滞其中，绿色的、黄色的肠子像巨大的蛆虫，挤成一团往外游。我就像看到自己躺在那里，我明白我的构造也是如此。

这几乎是人类的最后羞耻，人类像被架在墙上的猪一样，被划开，露出可怖的内脏和肠子，露出一整套将食物变成粪便的工序。

我已经吐不出来了，只是哆嗦着手提着塑料袋，看着那非人的法医伸着带血的手套在腔体内掏来掏去。好像世界遥远了，陌生了，可是耳朵又鸣响起来，那刀子切开后，充气的腹腔曾冒出幽暗的一声——噗。我甚至想到，这个长得像贾宝玉的青年才俊夜来会梦游，趁着他那身为县长千金的娇妻睡熟了，一刀就划开了她的躯体。

待这屠夫躬身把弄出来的胃内容往我手里的塑料袋倒时，我好像感知到他身上冷峻的寒气。他垂着血淋淋的手套，轻描淡写地说：这里边有敌敌畏。

我觉得不意外，传说中有太多类似的死亡。敌敌畏是广谱性杀虫药，农户家里柜头或墙角都有一瓶，色调像琥珀。死者最后的时光应该是在痉挛中度过的，天地房屋左右晃动起来，肌肉在跑，同时汗如雨下。等到生理盐水和洗胃的管子在翻越山水后到来时，她已顺利离开人间，她在极充实的痛苦中丧失了垂恋人世的机会。

我忽然厌恶起死来，我觉得没有什么比这件事更愚蠢了，也没有什么比人类更造孽的了。诸如像一块冰、像一朵花、像一炷香的死去，不过是酒不醉人人自醉的欺骗。安静如吃安眠药、割脉，甚至是无疾而终，肉体本身还是逃脱不开细菌的大规模进军，鼓噪喧闹的它们像是终极的判官，蜂拥至肠道、血管和每一件内脏，使茶花女变成恶鬼，壮汉变成眼洞跑出老鼠的枯尸。

法医结束对证据的提取后，取出针线，像缝麻袋一样把尸体缝了三针，又拉了拉，让被切开的皮肉外翻着凑在一起，而后弃尸而去。我和小李提着塑料袋也跟着走了。叶老汉的老婆则逆向跑过来，跌跌撞撞，呼天抢地，终于是摔倒了。我的耳朵被她“女儿啊女儿啊”的凄厉叫喊震回到现实中来，我清晰地看到叶老汉赶过来扶起她，他们勉勉强强走到尸体面前，又是一通哭泣起来。

我们走到田岸上时，老王呵斥着那些围观的人，还不快去帮忙收尸，还不快去。可那些男女老少闪开走远了，还是死者的婆家心情沉重地走回到稻田了。

我上车时，看到叶老汉老婆正在训斥她的亲家，说你们连八十块的钱都不出你们太过分了，那男老人就从口袋里到处搜，搜了一些又叫老婆搜，凑了一堆钱给了对方。

老王说：没得争了，是自杀啊。

下午的时候，死者的公公来派出所问结果，我们说，你不是知道自杀吗？他说，问问就安心了，就清白了……原来以为她不会死的，受不得气，受点气就喊要死。有次我们一家到街上卖粮，在餐馆吃面，她男人说她不守妇道自己先伸筷子了，她就哭着要死，我们做上辈的说不过，后来看到她又偷偷把餐巾纸塞到裤兜了，就知道她不会死，你想，都知道往家里带东西了，都知道往家里占便宜了，怎么会死呢？可还是死了。

我们问：具体因为什么死的呢？

来者说：不知道，她给我们说的最后一句是，你们太欺负人了。我们能欺负她什么呢？

傍晚时，叶老汉也来问结果，我们说，你不是知道自杀吗？他说，屋里人要我来问的。此时的叶老汉还是点头哈腰，给我们虔诚地打烟，凭他的经验好像安稳了我们后，他才叹息了几声。

我撕下纸，捏着笔问：你女儿是怎样一个人？

老汉说：难说了，跟别的妇女一样，不爱说话，一说就急，从小就这样，爱哭。

我问：具体记得她怎么受气吗？

老汉说：哪里记得那么多，就是爱受气。

我问：那别的事记得一些吧？

老汉说：小时候濑尿在床上濑了一阵。在家的时候天天想嫁出去，嫁出去了又天天想回来。有一年数学考了一百分。

我问：她叫什么呢？

老汉说：叫凤英。

国际影响

公路到达别的县时，还会继续朝前走，去武汉去陕甘宁去罗马，到了我们县却是走到尽头，走不动了。我们县除了有一家温州发廊，没别的流动人口了，而等到全国人民都不玩呼啦圈时，我们又呼啦啦玩起来。我们县就是这样，就是世界的一段盲肠。

但我从青龙山派出所层层叠叠地混到县公安局，又混到政府办，竟是耗费了整整五年。而这五年，我的所长也只是平调到白虎镇继续当他的所长。某天，我和所长、户政科长、退休的户政科长，老中青四代，偶坐于麻将桌东南西北四位，因为科长手气不好，我们转骰子，重新定位置，却竟是按照顺时针的方向往下各轮了一位。我屁股感受着所长留下的余温，看着上手白发苍苍、咳嗽不止的老科长，竟是一下灰暗了。一生就这样葬进去了。

话说这一日，是个中午，我从政府大楼懒洋洋出来，抬头看了天，蓝得心慌，半空中却又有些黑灰飘着，飘了一会，落下来。我看到前头书记副书记、县长副县长手插在裤兜，围在一起叹息，便悄悄绕道，却不料其中一位招手，说：赶快去置办点营养品来。

我说：什么规格？

他说：重病。

我知道是要买足五百块钱，便匆匆越出大门，到对面签字拿了牦牛壮骨粉什么的，老板说，没听说吧，白虎镇三大员全烧坏了。

我问，哪三大员？老板说，镇长、人武部部长、派出所所长。我心一落，过马路时险些被车撞死。

往人民医院走时，我又听到县长们互相交流，一个说“这火不值得打”，一个说“都烧成那样”。我心想那样是怎样？衣服化了？皮肉化了？剩一堆骨头滴着油瘫在床上？脚步不禁软起来。进医院后，福尔马林味道杀过来，护士医生大呼小叫，竟是使我以为所长快死了。

心神不定地等了半个钟头，医生才打开急诊室的门，让我们进去。县长们排好队，踮起脚透过门玻璃往里看，个个说造孽，我也跟着去看了。这一看不打紧，里边正好有两只手电筒似的寒光射过来。我平整呼吸，细细瞅了下，才看到那人已黑成了焦炭，好似有些烟没散尽呢。我想这是所长，泪水把把地往下涌。

等到所长夫人抱被窝悲戚地走来，我提起营养品说：这是县里一点意思，嫂子不要太难过了。

嫂子先是管不住眼泪，眼见着我哭起来比她厉害，便来安慰我。这样凄惨几回，她又急急地去眺望病室内的情况，走的却是另一间门。我心想我看错了，大火竟把人烧得认不出来了。不过这样也好，兴许所长没那么严重，否则嫂子怎么反过来劝我呢。

我便也匆匆去眺，这一眺坏了，所长竟似俄罗斯大黑熊，竟似埃及黑木乃伊，一声不吭地躺在洁白的床上，情况竟是比隔壁的还严重。

几日后，我下班后去了趟医院。进病室时，蓝幽幽的光正照着所长，说是紫外线消毒。我想也是要消消毒，脸上的皮肉黑一块，红一块，脓一块，好似有几十条肉虫恶心地爬在上边呢。不一会儿，脓流下来一点。所长龇了几下牙齿，医生便赶忙拿镊子夹卫生棉去擦拭。

我不敢深看局部，便去看胳膊，胳膊却是漆黑，又去看手，手竟也是红花花、肉浆浆，蜷曲成一团。我咬紧腮帮，咬得牙床都松了，便觉得自己要做点事。我镇定而轻松地说：所长，没有传说中的那么厉害啊，看起来并不可怕。

所长忽然哭了，说：真没事？红霞，快拿镜子来。

嫂子也镇定而轻松地说：医生早说了，镜子带光，你现在不能碰光。

所长又哭了一下，说：他们一开始说我不信，你说我就信了，你老实，你不会骗我。

我说：那是那是。

出门后，嫂子送我，我说所长老是哭，哭得人心里痛。嫂子说：那明明是笑啊。

又过了些时日，我到医院，所长已经拿镜子左端详右端详了，而身上结了一层厚痂，好似帝国武士。我看到床边有本《故事会》，便拿来看，读到津津有味，所长忽问，你看封三的广告，叫密丽疤痕灵的东西，真有效吗？

我便找到封三读，密丽疤痕灵，祖传秘方，临床实践，传统中医药理论，现代制药工艺，科技含量高，疗效确切，使用方便，独家生产。又看了看图片，左边的人体上有块坏肉，抹了抹，在右边变成好肉了。我说：大约有用吧。要是没用，读者还不跑去砸了编辑部？

我打开柜头上的一本《知音》看，又不小心看到一则“疤无痕”广告，也有对比图片，用药后，疤痕处非但痕迹全无，甚至比正常人还光洁不少、神采奕奕不少。我心想所长也是看过那些烧伤病人的，哪个脸上不是起起伏伏，好似一块比萨饼，怎么能轻信这些呢。可是又想，要是没这些，岂不是绝望了？

这么想，忽然听到所长鬼哭狼嚎：痒死了痒死了。然后他像个巨大的多足甲虫，恐怖地翻动起来，抖起来。我们按也不是，不按也不是，就听他像柴油机一样疯狂喷字，一会儿要铲子一会儿要耙子，要耙耙这一万只蚂蚁奔跑的田地。一万只啊。

我看得魂飞魄散，竟也痒起来，想用手抓，又怕是炫耀，便痛苦地忍着，好似坐了炼狱。所长奔突奔突地喊了好几分钟，才算是咬牙挺住了。

我凄楚地问，好些了吗？

所长的眼泪像鼻涕一样甩出来，不置可否。

又几日后，我和公安局办公室的副科长老袁一起来到医院。老袁是我写材料的老师，这次我们强强联合，准备给所长弄篇先进典型材料，往上边报功。这时的所长忽然青春了，除了手部花白外，全身红皮泛滥，好似刚煮好的虾，或者出水芙蓉。我想是到底是烧得不致命，到底是长新皮了。所长兴致很好，笑了好久，要我们吃罐头，我们哪里敢吃。

所长眯着眼自己吃了一块水梨，开始给我们讲救火的事。

那是傍晚，所长正在平安地发呆，忽然镇长开车跑来，大声招呼，快去救火啊。所长想逃不过，便上了车，开到一半，又接上人武部长。这样到了一座山坡，便看到群众在抽打衣服、浇水，热火朝天地和黄亮亮的火光作战。

车辆继续前行，到了山坡另一边的安全地，三人弃车走上去，像开国元勋一样站在上岗上，平视天边滚滚红云，指指点点，竟也是好景色。叵耐天公作怪，东风忽作西风，那火头一个狮子甩头，转过身子踩着干燥的芭茅杆朝这边跑来。三人木了好久，才知要夺路而逃。而那火兽好似发现了肉食，嗷叫着追杀过来。

所长说，当时不觉得有大地，不觉得有芭茅，只觉宇宙间遍是吭哧吭哧的呼吸声和叮叮咚咚的心跳声，只觉火爪已抓到屁股上了。时间就是生命啊。忽然，前头的镇长噗地倒在地上，所长和人武部长也管不了了，两人像奥运会百米决赛的卡尔·刘易斯与本·约翰逊，对上一眼，发疯地向前头冲去。

所长说，这时我才知道大腿是速度的阻碍了。

所长跑啊跑，终于跑到虚空境界，已不知是跃是飞了，忽然身子一辣，好像被开水浇了一下，惨叫起来。所长咬牙继续跑，跑了很久，才知火头已在前头，已撒开腿子跑过去很远了，所长不禁眼前一黑，扑倒在地。

所长说，它都跑过了，我他妈还追着它跑呢。

所长说，现在看来，还是镇长懂科学，当时往地上一扑，火头蹿过去，只受个轻伤。冷静啊。我和部长两个当炮灰了。

我这时问，芭茅杆经济价值大不大？

老袁说，造纸有点用，可惜我们县没造纸厂，运出去路费都补不回来。听说还能编草鞋，可是现代社会谁会编草鞋？

我说，百无一用啊。

老袁说，是啊，百无一用，我们写材料时一定要把这里写成有大片的原始森林，甚至会危及附近工厂。

所长说，还是关系到国计民生的化工厂吧，扯吧你们。那就是一路野生出来的芭茅杆，烧完就完了，什么也损失不了。

老袁说，没用还去救？

所长说，都是镇长坑人，他说你看看，天都黑了，天黑了烧起来就有事情了，美国的卫星就能拍到了。

又几天后，我写好材料，送到公安局给老袁修改，老袁修改了两天，对着我抑扬顿挫地朗诵起来。读到关键处，问我，感人不？我说，太感人了。老袁说，付出这么大代价，起码也要立个三等功。

谁料这材料报上去很久，没有回音。我一打听才知卡在县领导那了，县领导说，这不是给冬季防火工作添乱吗？

面　子

每个从青龙山回来的人，都笑话我。起初我还有些不好意思，后来就学会和别人一起笑话我。

事情发生的那个下午，阳光特别大，照清了青龙山土街的每块石头、每颗粉尘，我坐在派出所门口，焦躁不安，害怕有事发生，又期待它快点发生。好像小孩必须打针。

这样坐了一小时，我出了身虚汗。同事小何出门时问，准备好了吗？我没力气地点点头。小何诡异一笑，走到台阶下费劲地踩摩托车的启动杆，踩了几十下没踩着，于是推着车跑，跑了十几米，一把跨上去，又熄火了。这嘉陵是八个月前缴获的四台无牌摩托车之一，剩余三台事主都缴罚款领走了，只有这台，事主说还不值罚款的价，就光荣赠给人民警察了。

下午三点，预料中的事出现了。随着一阵轰鸣声越来越响，一个胸前有四只手的年轻人，仰着上身，歪歪斜斜地飘过来。还在老远时，我心里就一阵发酸，我知道年轻人骑的是太子摩托，电子打火，无级变速，油箱巨大，座椅奇低，谁拥有它都值得炫耀三个月。更心酸的是，我的女人坐在他后边，他前边有两只手就是她的。她不要脸地抱着他的腰，脸还贴着他的背部，眼睛还看着我。她看我，雪白的牙齿露着，眼睛幸福得眯成一条缝。

头天晚上，这双眼睛盯着赤身裸体的我时，还喷着愤怒的火苗。她哆嗦着手，一边把衣服往皮箱里塞，一边说：我要让你后悔。当时我带着尴尬的笑容，伸手拉她，没拉住。临出门时，她又说：我受够了，我要让你后悔。然后她像打桩一样，用高跟鞋钉着脆弱的水泥走廊，我不能光着身体去追啊。我窝在床上，把玩着软塌塌的阳具，陷入不可知的恐惧当中，我知道有事要发生了。

现在事情基本清楚，她在二十四小时内找到新欢了。我很嫉妒，因为这个男子长得确实好看，也许我不做警察也可以修那样的鬓角，但即使修了，也赶不上他，我没有光洁得像利斧削过的脸庞，也没有高挺得像希腊人一样的鼻梁，我的脸长着痘子。我不知道这个年轻人哪里来的，我只知道他比我的女人还漂亮。现在好了，漂亮的女人和漂亮的男人鬼混到一块了，漂亮的女人要在漂亮的男人身下发出淫荡的呻吟了。

我低下头，听那好听的轰鸣声渐渐消失，消失到一点声响都没有的时候，我的心跳才平复了一点。我想我已经知道了，女人，够了！

但是摩托车在街西头又重新发动，我知道这东西不是派出所那匹老铁驴，这东西来去自由、随心所欲。我悲凉地抬起头，果然看到对面的屠夫、厨师和菜贩正好奇地看着我。对我来说，这个下午太不可理喻，对他们来说，何尝不是。昨天还是我女人的女人，还去他们那里买菜、买肉、讨教厨艺，今天就抱别人的腰了。

我努力合上眼皮，想，这三个生意人一定在打量我敞开穿的警服，和身边的派出所招牌，一定想把热闹看到底。

我合上眼皮甚至有点故意，你们爱怎么玩就怎么玩吧，赶紧地开到街东头去。但是开过来的摩托车，恰恰在派出所门口停住了。穿着铮亮皮鞋的年轻人用铮亮的手套来回握油门，轰鸣声一下下加大，像饥饿的狮子在笼口呻吟。我把双手从混乱的头发中撤下来，无奈地看着对方，我心里说，小子，你玩吧，不用把头尽力仰着，不用蔑视地看着我，我只要抄起这把椅子，就能砸破你的小脑袋。

还有你，女人，不用和他一样仰着头，不用像两只幼稚的长颈鹿，在土街上可笑地伸脖子。女人你知道吗？只要可以，我就能揪住你的头发，把你从摩托车上拖下来，告诉三个看客：你算个什么东西。

但我克制住自己了，我觉得我不能以这样莽撞的方式输掉战争，我必须冷静。我拿起屁股底下的《参考消息》，像刚睡醒一样，假装认真地看。伊拉克又有三十多人尸骨无存，这是大事啊，对这样大的事来说，我这点事算什么呢？是呀，算什么，男人总得经历这样的事情的。

有一段时间我想走回派出所，但是又勒令自己待着。我对自己说，你已经有主张了，任何的报复都需要事先受难，事前受难越重，事后的报复才更快意。但我还是有些害怕对视他们凌厉的眼神，我渴望他们快走。我这么想，他们果然走了。摩托车像外国人一样耸了一下肩膀，气势澎湃地蹿到东头去了。这对在一天内、在二十四小时内自由恋爱的男女啊！

摩托车留下的尘烟还没散尽，屠夫擦着手小跑过来，耳语于我：那车没有牌照。

我拍了拍他的肩膀说，我知道。

屠夫眨了下眼皮，慌里慌张地跑回去了，我还欠他四百多块肉钱呢。也许我是得把这辆摩托车扣下来，但是小何什么时候回来呢？没有小何在，我向来不敢独自行动。是的，我是个孬种，我经常把抓到派出所的人踢得大叫，但这些人没有一个是年轻人。对那些年轻气盛的年轻人，我只使阴的，我挑唆他们，让他们互相抽耳光。

小何答应我今天要回来，但是他一定又喝高了。他要是在就好了，他一定会一脚踹翻太子摩托，把那个年轻人提起来甩到墙上，老实点！站好！手放直！

我或许应该走进派出所，我不能让屠夫、厨师和菜贩看着我放过这没有牌照的摩托车，不但他们，很多人像是打听到什么秘密，也佯装晒太阳，蹲在计生办大楼墙角等着瞧热闹呢。我感到脸上皮肤有些辣，它应该红透了。

我确实进了派出所，但我拿着铐子又出来了。我坐在椅子上，用手晃动铐子，铐子折射着夕阳的光，那些蹲在墙角的看客估计都在吞口水。他们以为这是警匪大片，想想看，匪徒把警察的老婆都抢了呢，精彩程度必然加一倍。只是我知道，我在做样子。也许把这对狗男女吓跑了就够了，我不想把事情弄大，弄大对我毫无益处。

想起这个女人，我的下部有些奇异的反应。我怀念她的波浪头发、粉红乳头和蛇一样扭动的身躯。我很难忍受她被另一个人这么看。但有什么办法呢，天要下雨，娘要嫁人，你说要让我后悔，我就偏不后悔。我屄还不行吗？

也许天黑，我才能扬眉吐气，天黑了，买菜的卖菜的，逛街的做事的，都会回家。我也可以好好实施我的报复计划。我的报复计划如此缜密、合理，很难不让我的女人后悔。是的，后悔的是你，才不是我呢。现在，我要做的是命令自己，忘记警服和派出所的权威，不要生气，不要沉不住气。

但是屠夫鼓励的眼神又很难让我下台，我感觉一个警察，在光天化日之下被人连续挑衅，无论怎么说，都是很丢人的事。设想以后，是不是每个人都有权到派出所门口来撒泡尿呢？三皇以来，就没这样的事，今天我却让它成为现实了。这也是我的报复计划唯一不完美的地方，我计划的时间是黑夜，那时大家都睡觉了，我不能敲锣打鼓把大家叫起来，让大家做证。

也正因为如此，我更应该把黑夜的行动完成得更彻底、更坚决。我必须得到我得到的。

好像是屠夫提醒了一样，在这对男女重新回到派出所门口时，

摩托车前头挂了个牛皮纸壳做的车牌：110。我说沿街的群众为什么笑呢，原来是笑这个。大家本来笑得很小心，但我却听得既清晰又庞大，最后像是听到一个笑的旋涡，我感觉自己像只可怜的蟑螂，在旋涡里转，要被转死了，我真想有把枪，一枪崩了这年轻人。但当时的我连手铐也不敢晃，我怕晃到地上。即使不晃，后来它还是不小心掉到地上。这下，人民群众和狗男女又一起笑了，连适才谄媚的屠夫也前俯后仰，加入狂欢的队伍当中。

就好像派出所倒塌了，大家好开心。

我呢，我渴望有个地缝好钻进去，我也许就不该从所里出来。现在坐也不是，站也不是，说话不是，不说也不是，我把自己的怯懦全暴露了，我好孤独。在惶恐的时候，我甚至想要对方给我个判决，比如“滚”，这样我就可以滚进派出所。我滚进去时一定还把门顶上。

漂亮的男孩伸直胳膊时，展示了完美的肱二头肌，他没有说“滚”，而是说“喂”。

“喂！喂！喂!”

我没有应对的勇气，彻底缴械了，只想惩罚早点结束，求求你们了。恍惚中我想去捡手铐，但是我怕引起他的怀疑，他要是上来把我反铐住怎样呢？我把头埋在臂弯里，像鸵鸟把头埋在土里，大脑一片空白。

我听到漂亮的男孩又向大家说：聋子，瞧见了没有，聋子。

我对自己说，事情不大，忍住，不要出任何问题。

这样的灾难最后结束了，那年轻男人没有上来吐唾沫，更没有揪住我对我施以老拳。群众散了，这一男一女觉得也没意思，就走了，再也没有回来。我最后听到女人的声音是“他还是没有后悔”，她为什么会这么说呢？女人真是不知道餍足。

夕阳落完后，小何像张果老骑驴，骑着嘉陵摩托慢悠悠回来了。这个时候我还在门口坐着，小何把车停下来，轻声问，准备得怎样了？看到他，我的精气神回来了，说：万事俱备，就等天黑。小何说，这就好。

小何和我年龄相若，一起分配到这里，再也没有比他更好的哥们了。

天黑后，所长开着吉普车从邻乡回来，小何把一些早已包扎好的东西塞到后备厢，我和所长握了握手，所长问：不喝一杯吗？我说，不了。然后我和小何、司机开着吉普车走了。在吉普车经过空无一人的土街时，我在想我的女人也许正和漂亮男孩上床呢。

吉普车的车灯打在出青龙山的界碑时，我从后窗回望了下，确信没有摩托车跟上来。车子翻过长长的山头后，我的心完全放下来。我长长地出了一口气，说：可真是一个疯狂的女人啊。

小何接话说：这你得感谢我。她竟然信我的话。

我说：你都跟她说了什么啦？

小何说：男人最怕女人跟别人，男人吃醋了，才会在乎女人。

我说：那个男人你认识吗？

小何说：长什么样？

我说：留鬓角的。

小何说：不认识。

吉普车停在县城后，我感觉一种城市的感觉终于回到身上。我再也不用害怕我的女人发疯地纠缠我了。我们的故事到此为止，我要去追求副处级的女儿，要重新开始人生。感谢我的女人在关键时刻向青龙山人民群众展现她的叛变，感谢她让自己无话可说。

第二天，我去局里上班了。我接到的第一个电话是小何打来的，他说他把漂亮男孩的摩托扣了，后来又放了，因为调查清楚，那男

孩是我女人打工回来的表哥。后来小何也调回县城，跟我讲起青龙山的事情，说我女人后来走路都低着头，因为大家都知道她玩砸了。卖肉的屠夫嘴里恶毒，说这样的女人活该，一哭二闹三上吊的话，还有机会，结果偷鸡不成反蚀一把米。屠夫这么说，是因为她欠了他四百多块肉钱。她反驳说，那是畜生吃的，不是我吃的。屠夫也不打算上县城找畜生讨，来趟县城路费六十元，来回就要一百二。

每个从青龙山调回县城的人，都笑话我，说我在那里还有这么个风流韵事。

选自《灰故事》(2008 年)

情人节爆炸案

【壹】

1998 年 2 月 14 日下午

天空浩渺，一只鸟儿忽然飞高，我感觉自己在坠落，便低下头。影子又一次叠在残缺的尸体上，就像我自己躺在那儿。

以前也见过尸体，比如刺死的，胸口留平整的创口，好让灵魂跑出来；又比如喝药的，也只是嘴唇黑掉一点。但现在我似乎明白肉身应有的真相：他的左手还在，胸部以下却被炸飞，心脏、血管、肉脂、骨节犬牙交错地摆放在一个横截面里。这样的撕裂，大约只有两匹种马往两个方向拉，才拉得出来吧。

五米外，躺着他烧焦的右手；八米外，是不清不楚的肠腹和还好的下身；更远的桥上，则到处散落着别人的人体组织和衣服碎片，血糊糊，黏糊糊。桥中间的电车和出租车，像两只烧黑的鱼，趴在那里，起先有些烟，现在没了。

上午我往桥上赶时，已看到小跑而回的群众在呕吐，现在风吹过来，我还是撑持不住，我抱头蹲在地上，可是又觉得那尸体自行坐了起来，在研究自己可怕的构造。我猛然看了一眼，他还是面目

模糊，一动不动地躺着，我便被这孤独弄得可怜起来，便拨嫒嫒的电话，对她说：我爱你。

嫒嫒说：你说些什么啊？

我说：我要保护你一生一世。

嫒嫒说：你没事吧？没事的话我挂了。

我真想拉她衣领，告诉她，我庄重地说“我爱你”，并不是因为今天情人节，而是因为一颗很小的炸弹，像撕叠纸，撕了很多人。很多人，虎背熊腰的，侏儒的，天仙的，丑八怪的，说没就没了，说吃不上晚饭就吃不上晚饭了。

可是等找到合适的词，电话却响起嘟嘟的声音。

我撕破喉咙，大喊“你妈的”，天空轻易地把声音收走。我又将手机砸向石块，那东西只跳了一下，便找个草丛安静待着了。我慢慢靠上树，跌落到树根，坐成一尊冷性的雕像。不久，嫒嫒的电话打过来，我又知这雕像其实埋着汹涌的水。嫒嫒一说“对不起”，我的泪水便冲出眼窝，汩汩有声。

我说：我只是想见到你。

嫒嫒忽然明白了，带着饭盒就往这片距大桥 27 米的树林赶。她气喘吁吁的身影越变越大，我挣扎起来，展开双臂，摇摇晃晃迎接她，抱她。她的胸脯踏踏实实地顶上我的胸脯，我便像走近篝火，身体生起一层层的暖来。

用调羹捞完铝盒里最后一口饭后，我静静看着发怔的嫒嫒，说：我吃饱了。

嫒嫒的口里冒出蚊子般的声音：我背叛你了。

我说：你说大声点。

嫒嫒摇着头说：对不起。

我慢慢走过去，抱紧她，箍紧她，箍得两人都不再抽搐了。

后来，我热了起来，去翻她毛衣，可媛媛泪眼婆娑地拦着。媛媛说：说你原谅我。

我说：孩子，我原谅你。

然后我将毛衣拉下来，却忽见她的上身跟着一起血淋淋地拉了下来。我突然醒过来。眼前哪里有电话，哪里有媛媛，眼前只有肥肿的下午一层一层浮着。

1998 年 2 月 14 日傍晚

远天变成硫黄色时，一个白衣老头一截一截变大，走向这里。我想这就是要等的北京专家，便舞着手迎上去。我想告诉他，远地儿没尸体了，我们一起回去吧，可他却像个收破烂的，走走停停，拿着枝条在地上辛苦地拨来拨去。

我赶到他面前，敬了个礼。

老头抬起吊睛白额大头，说：会阴很好，臀部也不错。

我忽然闻到此人嘴里喷出的马粪味，心间晃荡一下，下起暖烘烘的雨来，可是老头又撂下我，在一边蹲下了。他戴好手套捡起那只烧焦的右手，眯眼看了很久，又小心放下。

看到那个躺着的上半身后，老头用枝条指着它说：你看，胸部以下没了，是什么情况？

我说：距离炸弹应该很近。

老头说：不，是炸药，你没闻到硝铵的味道吗？你能形容这一路的尸体吗？

我说：都是血肉模糊。可能有的伤重点，有的伤轻点。

老头说：你长长脑子。车边是不是有两具整尸？他们衣服是不是还在身上？上边是不是还有很多麻点？

我说：是，是。

老头说：说明什么呢？

见我没反应，老头又说：说明不是炸死的，是被冲击波活活冲死的。你想，人飞出来，先和车窗户有接触，出来后又和地面有接触，铁人也报废了。但是他们顶多是个炸裂伤，不像面前这具，明显是炸碎伤。炸碎了，就说明他待在爆炸中心。你看他右手飞了，说明什么呢？你说说看。

我说：他身体右边靠近炸药。

老头说：准确说，是他用右手点着了炸药。

老头又说：他的会阴和臀部保存得不错，又说明什么呢？

我想到会阴和臀部对位，很难同时完好，支吾起来。

老头点着我的太阳穴，说：都给你指得这么明。他是蹲着点的。蹲着，火药就踢不到屁股了。

老头又说：在离电车西南方向30米处，我们找到另一具胸腹缺损的尸体，他是两只手都炸飞了。你说因为什么？

我说：可能两只手抱着炸药。

老头说：总算对了。你看着，现在我们基本可以画出电车爆炸前的样子了。左边多少位子，右边多少位子，坐什么年纪、什么身高的人，坐哪里，什么坐姿，我相信都可以画出来了。司机的位子在这里，毋庸置疑。我听说司机受伤不大，这就说明他距离爆炸点偏远，这样我们可以判定，爆炸点在后车厢。到目前为止，我们只找到两具胸部以下缺损的尸体，而且分别被抛到西南和东北方向的最远处，这说明是他们引爆了炸药。情况就是这样，他们待在一起，一个面向司机坐着，双手抱炸药，一个背对司机蹲着，点它。至于其他人，复位也容易，损伤重的靠炸药近，损伤轻的靠炸药远，右边受伤说明右边靠着炸药，左边受伤说明左边靠着炸药。这样，我们就可以把几具特点鲜明的尸体请上车了。我感觉那个背部一塌糊涂的男子，当时在歪着身子亲别人，因为距他不远的一具尸体正襟危坐，只是炸掉了手臂。我感觉还有一个小偷，他的手被破损的皮革缠着，像是要抓什么东西，却什么也没有，我估计是钱，钱烧掉了。我还听说售票员没事，但是面部一片漆黑，我估计她当时应该发现了情况，想过去看，结果刚抬脚，炸药炸了。

老头说到梗阻处，忽见我仍是汗如雨下，便没意思地丢下树枝，说：可以收了。

我郑重其事地戴上橡胶手套，把尸块和物品小心翼翼捡进塑料袋，又塞进编织袋，试图挽回一点好感，可是腰一次次折下，便没气力了。我想歇息下，又不敢，只是默念，事情总会结束的，结束了就回家拉媛媛的手，鞋也不脱，睡死过去。

收拾停当后，我挺了好几下腰，心想老头会和我一起抬编织袋，可他却傲慢地丢下一个眼神，然后打着手电，跟着一晃一晃的光芒，走前头了。我把编织袋扛上肩膀后，抬头看了眼大桥。那里，一个个人在忽明忽暗的警灯照耀下，像是尸体一具具站起来，像是收割完庄稼，相约回家，像是遥不可及的幸福。

像是要抛下我。

1998 年 2 月 14 日晚

下车后，我看见刑侦大队操场好像个屠宰场，堆满大大小小的编织袋，副大队长是算账师爷，在昏灯下点数。不一会儿，他扔掉账本，大步流星地走过来，两只手捉住老头一只手，握起来。

我拉开车后厢，拉出尸袋，小心听着他们聊天。副大队长说数出了 202 袋，窘死人，吓死人，老头说没什么没什么。我怕老头接着说，你们怎么还有这么弱智的警察。

卸好尸袋后，我过去和副大队长汇报，副大队长只唔了一声，

我便要像个屁飞走，却不料又被他伸手拉住。副大队长说，你带首长去洗澡。我好似驴儿跋涉归来，背上忽又被重物压着了，脸儿苦起来。

澡堂里，水柱砸向马赛克砖，如泣如诉，我拿毛巾狠狠搓洗身体，好似血污永远搓洗不完。未几，我看到老头走回更衣处，在那里用干毛巾搓隆起的腹部和灰茫茫的阴部，像搓一只伤痕累累的皮球。我把头伸进水柱，想你老快点走啊。

可是老头却坐在那里抽烟。眼见抽完，又接上一根。

我穿好衣服后，老头说：走，一起吃饭。

我说：我还是不去吧，我去不合适。

老头呵斥道：让你去，你就去。

我是在那时知道绑架一词的，好似刚和莫斯科的情人度过第一个甜蜜的夜晚，便被差役架着往西伯利亚走了。我每往酒店走一步，便觉媛媛身体往水里没一截，走到门口，亮如白昼的灯光扑来，我咯噔一下，看到媛媛彻底沉入水中。湖面寂静，世界寂静了，无数亲热讨好的“你好你好”声却纷至沓来。

进包厢后，副市长起立鼓掌，隆重介绍：这位就是张其翼张老，公安部首批特聘的四大刑侦专家之一。大家欢迎。

老头也不谦让，落座于上位，然后展目四顾，见桌上好似开了个蔬菜园，百合、土豆、苦瓜、茄子、青菜、玉米，百花齐放，百家争鸣，便冷笑道：你们做西红柿鸡蛋汤是不是连鸡蛋也舍不得下？

副大队长鞠躬道：主要是怕空气不好。

张老说：空气不好算什么，空气不好也要吃饭啊。

副市长忙拍巴掌，把服务员喊来，说：有什么风味特产，尽管上。

又对张老说：我们地方小，不懂规矩，张老不要怪罪。

张老说：不怪。就来三瓶二锅头，一盘红烧肉，一盘腔骨，一碗猪肘子。小妹，速去。

我忽然像被杀了一刀。世上拖人事莫过酒，敬而必还，还而又敬，要么到中央，要么到地方，不矫情到凌晨不算完。我低下头，从这毫无用处的喧哗声中抽身出来，死盯着手机看，那上边的时间许久不变化一下，那上边一分钟慢似一世纪，那上边只写着永恒的四字："中国移动"。我像从上课铃响起便开始憋尿的学生，坐立不安。许久，我又去想媛媛长什么样，却是什么也想不出，心下便有蚂蚁一行行，焦灼地爬。

正迷糊间，忽听副大队长从天上喝下来：老二，干什么呢？

我匆忙抬头，见红丝丝的肉片、肥硕硕的肉块和拦腰斩断的骨头，正冒着欢腾的沼气，而张老已然夹好一块，要赏给我。一股呛水涌上喉间，可张老还在挑逗：闻一闻，很香的。

我闭上眼，生生把呛水吞了回去，张老嗤了一句，又去夹了三片，招呼大家：吃，吃。

大家说好，却只拨弄蔬菜，而张老早已将肉汁从唇间咬飞出来，我看得魂飞魄散，便又低头瞅手机，没有未接电话。我想把它恢复成鸣音，又怕不懂规矩。抬头时，张老又从碗内牵出一条肘子，大家唯恐被点名，埋头扒饭，个个把口腔塞得严严实实。

张老有礼送不出，愤愤地把肘子丢回碗内，那油汤猝然飞出，副市长已然控制不住，吐了，我们受领导启发，个个咕哝起来。张老大嗤：你们干什么公安？拂袖而去。我们面面相觑，不敢赔罪，不敢挽留，只愿他走快点，他一走，我们就自由了，就欢快地吐起来，有的吐完，觉得不到位，抬头看看腔骨的血盆大口，继续吐起来。

我擦嘴时看到同事揉太阳穴，便问：你白天不是收尸吗，怎么也怕？

同事说：白天收东西，晚上吃人啊。说完眼泪出来了，我也出了些眼泪。我想这样也好，牢坐完了，解放了。却不料副大队长扔掉餐巾纸，拍巴掌说：今晚通通加班。

我忽然厌倦起这工作来。我想应该甩掉背上的重量，咬断鼻前的缰绳，离开这永无解脱的轨道，撒开蹄子去过情人节，可是又有声音告诉我，你这是命，而且是条好命。

我想给媛媛说下，可是害怕这样是把自己丢在砧板上，任她劈头盖脸地剁。我想她打过来就好了，我的声音像生病一样，她或许就理解了。

我拖着自己，恍恍惚惚走向大队，冷不丁又被门口嘈杂的声音围杀起来，他们揪我衣服，摸我头，给我下跪磕头。我张皇失措地说：往好里想吧。有个把粉底哭花了的中年妇女冲过来说：什么叫往好里想？我没工作，孩子要读书，怎么往好里想？

我想快步走进去，却不料她用手箍住我腿，我甩不是，蹬不是，只能干耗着听她梦呓。她大概说老公本应加班去了，厂里却说没去，本应上午坐电车回，也一直没回。我听得晕头转向，心想这样也好，就卡在这里，耗在这里，算死在这里。

那女子见我只是发愣，便苦苦哀求了：你带我进去看看，就是化成灰也认得。

我说：别多想了，明天，明天我们贴通知。

1998 年 2 月 14 日晚—2 月 15 日凌晨

进大队里后，手机总算响了，传来的却是副大队长的声音。他以为张老吃饭带我，就对我有好感了，就要我去服侍这九世的更年期。

我叫天不应，叫地不灵。

来到烟雾缭绕的办公室后，我坐成一个摆设。张老抽烟，喝茶，觉得口里湿了，又抽，根本投入在自我世界。有时痰哗的一声飞出，我还觉自己是容器。

张老开始划拨堆积如山的草图时，我想我画的现场图也在里边，他是要对这些图实现拼接。我走过去，鼓足好大勇气，说：这张好像应该拼在这里。

张老挥手说：走开。

我傻掉了，一动不动。张老又说：求求你走开行不行？

我这才像得到判决，走开了，但不知是该走到桌边，还是门外，便压着自尊心磨蹭，许久才敢落座于门旁沙发。坐好后，我将手机设为静音，颤巍巍点上烟，心下伸出两只巴掌，不停抽张老的面颊。

张老的手机响过一次，张老吼道，你不打电话会死啊。然后将那东西一把拍到桌上。我战栗了一下，接着想这不是我一个人的问题了，这是所有人的问题。所有人都有问题，就说明你张老才是有问题，神经病。

后来，张老拿出尺、笔和白纸，画了几笔，揉掉了，如是往复，好似有了点进展，谁料副市长带队，亲自端西瓜来了。副市长说：不急这会儿，不急这会儿。

张老起身取了一片，一口吃掉，然后说：还要吃吗？

副市长脸煞白下来，找了个台阶，溜蹿而去。

人走了，张老就倒在椅上，翻来覆去，唉声叹气，好似大富破产。许久，我才听到他说：严丝合缝的东西又破碎了。

我想我待在此地为何呢。我就是看手机，看来看去，还是中国移动。

我想，媛媛自己安排了，媛媛不在乎我了。而我呢？一直是她的囚徒。她说有光，于是就有了光；她不说，天下就黑暗了，我在夜雨中孤苦伶仃地走。

我恍惚觉得自己是暴怒的法官，手上提着皮鞭，围着媛媛走。我说，我给过你很多东西，比如钱，信任，以及任何的秘密，可是却不知道你在想什么，想着谁。我看到这个嘴角带血的烈士轻蔑地说：我为什么要说，我有什么好说的。我便被这轻蔑侮辱了，便想用刀剖开她的心脏大脑，看看里边到底埋了什么真相。但这就是人类永远的遗憾，你永远无法像知道自己想什么一样，知道别人想什么。别人就是城堡，媛媛就是城堡。在冥想的尽头，我扔掉屠刀，眼泪哗哗地滚下来，恳请城堡主人开恩，给我一个判决，要么让我活，要么让我死。

这样悲绝的字句眼见要冲出口时，我吓醒过来。张老像剪影僵立在灯光下，我想媛媛应该是睡了，今天不用多想了。

今天就这样了。

将近一点，张老才完工，他张牙舞爪了好一番，我才知是叫我。匆忙走过去，见桌上已摆好两张精密的电车复位图，火柴人或坐，或立，或躺，或蹲，一目了然，死 15 人，伤 23 人，完全贴合。而且，以前我见过的示意图多是线标外奔，这些却是向里奔，向电车奔的，就好像尸体们沿着抛物线飞回去了。

张老说：怎样？

我老实巴交地说：像艺术品。

张老有些不好意思地笑了，张老说：两张图之间还是有误差的，炸点彼此差了一尺。我们差一个具体物证，有张草图上注明有螺丝钉，我已看过原物。这颗螺丝钉是哪里的，将决定炸点在哪里。现在，你打电话给公交公司，叫他们开辆同样的电车到桥上。

我说：现在？

张老说：当然现在。

是夜，一辆同品牌的电车开到被炸车旁边后，我们封锁好大桥，静观张老脚套塑料袋，手提电筒，在两辆车间来回奔波，不厌其烦。弄了有一刻钟，他说：电车上的螺丝虽然脱离，但基本能找到，就是倒数第二排连车座带螺丝一起飞了，说明炸点在那里。你们配钥匙，固定好钥匙，就能配另外一把了。道理一样。

说完，张老又找了两个刑警上新电车，让他们时而侧坐，时而正坐，时而蹲着，时而抱物，时而头垂，时而头歪，咔嚓咔嚓，拍下不少照片。我便想到美国大片的特技模拟了，我忽觉事情简单，但就是想不到。

回来后，张老改了改复位图，对着副大队长朗读：炸点距车地板 10 厘米，左壁 55 厘米，后壁 104 厘米，即倒数第二排单座右下方；爆炸物系硝铵炸药，炸药应为 10 公斤，现场未搜到导火索，但可考虑为导火索引爆，你们可查炸药来源；爆炸前乘客动作基本测出，除待在倒数第二排单人座的两位乘客有嫌疑外，其余人处于浑然不知状态，因此，嫌疑人应基本锁定这二人，就是第 12 号和第 13 号，你们可重点查访。

副大队长说：张老真神仙也。

张老说：罢了。

1998 年 2 月 15 日下午

我从混沌中醒来，已是次日下午。手机躺在沙发边，像是深藏不露的门房，将告诉我，这十余小时谁关心过我，慰问过我。我想显示屏上或许记载着 20 个、50 个、100 个未接来电。都是媛媛打来的，媛媛很焦急，平均十分钟打一次。我得赶紧回个电话去。

但那里空空如也。

我想欠费了，又觉不可能，心下便忽然来了大水。我就是在车上爆炸了，她也不会来看看尸体；就是埋在棺材里了，这婊子也不会来洒一滴泪水。

我想想还是拨过去了，电话嘟一下，歇一下，好像公布答案的倒计时。我的嘴唇哆嗦起来，我会跟她说什么呢，我甚至都怕听到自己的声音了。可那声音终于无休无止地漫长起来，到最后又有个普通话很好的女子出来说些客气而冷漠的话。对不起，您所拨打的电话暂时无法接通，请稍后再拨。

对不起，您，请。

Sorry，the number you dialed is busy now. Please dial it later.

我咬着腮帮，像石头一般硬坐着。这时，张老走来问：醒啦？

我仓皇地笑笑，忽见张老又鬼魅般走远了，嘴上还说：又说废话了。

我问：饿吗？

张老背对我摆摆手，苍老地说：不用了，挺麻烦你们的。

我问：张老您这是怎么了？

许久，张老才搬椅子过来，俯身对我说：孩子，你觉得图纸很精细，像艺术品吧。

我说：是。

张老说：我每次做时也很兴奋，我总想看到事物回到它应有的状态。现在，我把乘客画回到昨天上午 10 时 8 分，我看到他们浑然不知地坐在车上，有的想着上班，有的想着回家，有的想着发财，有的色胆包天。我也看到那两人，一个闭眼，哆嗦着手抱炸药，一个把头凑到炸药包上看，镇静地把火苗移向导火索。火光一定照过他的脸，一定显现出他兴奋的眼神。我看到了这一切，几乎有种快感，可是就是有声音告诉我，你看到有什么用？

我说：怎么没用呢？

张老说：就是没用。我也测算出了炸点，可是测出了又有什么用？你们只要上车，看哪里损坏最大，就知哪里就是炸点了，你们也很快就知是路爆还是车爆了。而炸药成分，你们也可化验出来，民间用药都是矿药，矿药都是硝铵，学名叫硝酸铵，有的也叫硝酸钠，都知道。还有，即使你们在现场查不到引爆人，也能通过认尸，排除好人。关键一点，我记得你第一次见我，就说那具尸体应该靠近炸点，你说你都知道了，我论证这么久有什么用？

我说：张老千万别这样说，没您我们一筹莫展。

张老说：到目前为止，还没有国际组织声称负责，也没人自首。不过，自杀性爆炸，凶手往往留有遗书。你说，人家遗书都留了，我还论证个屁？好像人家留遗书是为了让人炸一样，不可能。写遗书就是为了炸人，炸自己。

张老说得哀处，猛拍大腿，叹一把老骨头，毁这荒谬的工作上了。

我说：我就不信善恶没有报。

张老说：啊呀，你说到我痛处了。最苦的就是这个，凶手无法起诉，你有气出不了。你判他五马分尸，他先把自己五马分尸了，你判他凌迟，他先把自己凌迟了，你不解恨，再剁几刀，像剁包子肉馅一样，有意义吗？我昨晚去现场复查，也是想推理下，看有没有可起诉的活人。我想还有种微小可能，就是这两人也是无辜的，他们处在炸药中间，导火索却是别人点的。但我在现场找人一模拟，就知不可能了，光天化日，长距离引爆太难，而且那座位的格局也只许两人互相遮挡，完成此事。

我说：您肯定抓过那种陷害他人的。

张老说：前年在501国道上抓过。那次爆炸发生在夜晚，卧铺车的人都睡了，现场表明，一个上铺女子，腹部和双腿被炸严重，损伤超越其余。当地公安认定是自杀，我说你们还年轻，你们低估了别人的智慧。我这么说，是因为看到一个伤员的腋窝和脚板有炸伤，我的理由很简单，只有点了导火索然后找地方趴下的人，才会暴露腋窝和脚板。后来案件告破，情况就是这样。死者老娘还说，怎么也不会想到是他。但这样让我感到聪明的案件，却很少发生。有些要案奇案，破起来工作量巨大，我多半只出现场，还原一些数据，真正破案的还是你们地方民警。我说白了，就是个前期打杂的，就是个帮手。可有可无。

我把话题移开，说：您为什么出了现场还能吃喝？

张老说：你见了一般尸体，也能吃喝。我只不过看多爆炸的尸体，就一般了。其实也吐过，吐是因为那次爆炸超出我想象力了。那次是在一个破庙，我赶到时，就见一铜钟立在庙前，黑乎乎，发了裂，没什么大不了的，但一撬起钟，一股呛味便冲出来，几乎要放倒我们。我们起先看到里边黑乎乎的，什么也没有，擦擦眼，又看到肉浆和骨渣涂在壁上，我马上意识到自己没看到一滴血，血被剧烈的高温烘干了，便哗哗地吐了。我眼泪花花地对旁人说：我是公安部的钟馗啊，我都吓坏了。

我说：是人都要吓坏的。

张老说：是啊，我从没见过对人这么彻底、这么有创意的玩弄。我感觉那壮汉被五花大绑罩在钟里后，叫了很多次娘，而外边的人则站在安全的田野，对他进行一道道宣判，然后息声，点着导火索，看着它慢慢往前烧。那是天下唯一的声音。那壮汉的肌肉一定鼓满了，眼睛也撑到最大，然后他看到一条红色的虫子钻进来，爬上他的脚，他想跳，跳不起来，想跑，无处可跑，接着爆炸降临，像有一万发子弹射过来，你看不见任何完整的器官，你被彻底消灭了。

张老说：那钟自己大概也受不了，跳了几跳，才闷响着落于地上。

我说：人为什么会用炸药呢？

张老说：这问题看起来傻，其实好，这问题和吃喝拉撒一样重要。一开始研究爆炸，受现场刺激，老觉这事应该是人害怕碰上也害怕去做的，想想都是可怕的。可是一离现场，碰到情绪不服，比如女人被挖了，就又恨不能把人祖宗八代，活着的死着的，都炸个稀巴烂。

我说：是呀。

我又补了一句：是呀。

张老说：仇恨带来的。人有时奇怪，杀人前气势汹汹，杀完了，杀得没呼吸了，又稀稀拉拉哭起来，知道自己做错了。我想那两人要是能看见爆炸后的自己和人们，一定后悔。

我说：死了看不见。

张老说：是呀，生前却做了炸药的奴隶，或者说力量的奴隶。我这么说，你可能不理解。我就问你，你小时做梦是不是老盼望成为大孩子？你点头，那就是了。成人和小孩的最大区别就是力量，成人可以把小孩一脚踢飞，小孩不能反过来这样。这个世界就是这样，你有力量时，你就会受这个力量诱惑，大孩子打小孩子，不是他要打，是他体内的力量驱使他打。你看你原来的同学，能考上大学的，都是瘦弱不堪的，考不上的，都是身强力壮的。这就说明，个子大的人占有力量，他会自觉地用这个力量去占有社会资源，占有了就不会考大学了。

我说：是，美女也是这样，美女也不考大学。

张老说：没有力量的呢？自然就想工具了。马克思说了，工具是肉体的外延，是猴子变成人的原因。我打不过你，还杀不过你？

炸药是弱者的砝码，炸药比匕首好用，速度快，不会好事多磨；杀伤力大，你想，就那么一下，形成大规模的爆炸面，钢都炸瘪了，何况人；而且它还能掩埋罪证，如果设计得足够好，就是谁死了也查不出呢。

我说：是。

张老说：弱者的不安心态，很容易转化为对工具的迷恋。我们小时做木枪，喜滋滋地用它，其实就是想在里边找英雄气。对炸药也是这样，很多人可以捕鱼，可以捞鱼，但他们就是觉得这种方式太温柔，所以用炸药炸鱼，仿佛一炸，全村都投来畏惧的目光。我见过不少没手掌的先生，蠢得要死，炸药响了，才知往水里扔。说明什么呢？说明紧张，紧张了想扔，又怕扔水里导火索灭了同伙笑话，就不镇定了。就是这样一个显见的懦弱证据，他们还乐于展露，人家一看，用过炸药的啊，畏了三分，其实狗屁。还有搞笑的，一只手炸了，不服气，又炸了另外一只手。两只手都没了，乖乖，屎揩不成了，悲哀啊。

我说：自杀性爆炸，自杀便自杀，为何要带上别人？

张老说：你这孩子装糊涂吧？你以为纯粹是自杀吗？你以为他们的敌人是那些乘客吗？

我说：他们是报复社会吗？

张老说：是啊。你看新闻联播播的那些自杀性爆炸，如果引爆者强大到可以管理别人，就不会采取这种手段。采取这种手段的唯一理由就是，我扳手劲扳不过你，打架打不过你，所以要靠炸弹来突破。就像人和墙，我对墙提要求，墙根本不回答，我殴打墙，墙还手都不会，但是一上火药，墙和你的区别就消失了。对那些人来说，墙也许只缺一个角，但这个角足以让整面墙都意识到。昨天的爆炸案也是这样，全国都知道了，整个社会也知道了。如果凶手有什么遗书，就很明显了，大家就会好好看他写了什么，听他说了什么。而平时，他们说话谁听？

我说：会不会有人仅仅为自杀而使用炸药？

张老说：特殊人可能会，一般人不会。我觉得用炸药还是想说出点什么，这炸药就是扩音器，就是讲话前剧烈的干咳。就是提醒大家，注意听我说，我不满。

1998 年 2 月 15 日晚

张老晚饭没吃，仙遁了，据说华北有个炸药车间出事，死的人比这边还多。我把他辛辛苦苦地捋顺了，可自己却还是空落落的。我想找点事情，忽然又找不到。这样，墙钟的秒针，像是割刀，一刀一刀划向我的心脏。

我听到一个声音说：非问清楚不可了，非如此不可了。

我又听到嘟、嘟、嘟的声音，我好像觉得这声音是在嘲笑我。我知道媛媛是在以故意不接的方式，让我误以为她在上厕所、开会。我想你干吗不直接挂断呢？我脾气犟了，一次次按重拨，我想就是吵，也要把你吵死。这样恶狠狠好一番，猛不料媛媛的声音过来了，我措手不及。

媛媛说：你干什么啊？

我说：不干什么，就是想你，担心你。

媛媛说：你喝多了吧？

媛媛又说：有事吗？没的话我挂了啊。还要开会呢。

我说：当然有。

媛媛说：什么事？

我说：这么久了，你就不能打个电话吗？

媛媛说：你还好意思说，有女的给男的打电话吗？

我说：是啊，我是男的，我打给你，但是哪次你又和我好好说话呢？

媛媛说：什么又是不好好说话呢？

我说：这样就是。

媛媛说：你不知道人家忙吗？

我本想说“你是不是有了别的男人”，说不出口，挂了，老子也还你一个嘟嘟嘟。然后我用手捏显示屏，捏到“中国移动”四字变歪，变彩，变没了，便把它丢到地上，用脚踩，踩烂了，又一脚踢到墙角。我受不了你这现代怪兽的折磨了，你让恋爱变成每三分钟一次的狐疑、求证、拷打，你杀死孟姜女范喜良了。

晚上回家，妈妈见气色不对，问我，我说不出口，倒在床上翻来覆去。妈妈端来猪心桂圆汤，说：趁热吃了，别生气，女人有的是。

我说：不是那回事。

妈妈说：我不管是怎么回事，你是我儿子，你给我吃掉，身体要紧。

妈妈又说：我一早就看出不是什么好东西了。

我说：别说了。

妈妈气愤地出门，找张姨、王姨说去了，声音大到一条街都听得到，比如她老娘是卖糕点的，一天没几角钱利润，年终奖都没有，到哪里找这么好的女婿；又比如为了国庆结婚，挺好的房子又装修一遍，花了好几万，好几万不是钱啊；又比如过年过节，又是茅台酒又是铁观音，自家都喝不起，都孝敬给她了，现在好了，孝敬出潘金莲了。

我推开窗户，大喝：妈，别说了。

王姨、张姨赶紧把我妈推回屋。妈妈好似不服气，又加一句，就是那样，本来就是那样。

那夜，我看到媛媛挂在衣柜里的拳头大内裤，便想到她紧窄的腰身和阴部，如今躺在另一个男人身下，扭摆，呻吟，挛缩，便过去扯它，扯不破，又撕，撕不裂，又揉，揉成团，塞垃圾桶去了。然后我斗志昂扬地四处清理媛媛的东西，口红，本子，浴帽，丢了花花绿绿一堆。我好似又看到媛媛在躬身收拾，收拾完了，扬长而去。

我的心像是被刨过，空荡荡。

夜晚有些清冷的月色泻于床，我睁着眼，想自己浮游在没着落的半空，为雨淋，为风吹，为雷电穿过，便再也控制不住，滚下泪来。

我想肯定有这样的对话——

我说：我以后再不打电话了。

媛媛说：好吧。

我说：再不骚扰你了。

媛媛说：好吧。

我说：分手吧。

媛媛说：好吧。

我想媛媛一直是在等我，等我忍受不了折磨，先提出分手。

这几乎是她最后的仁慈和良心了。

1998 年 2 月 16 日

次日上午，我往办公室赶，穿过几十号法医，迷迷糊糊看到胳膊、大腿、皮块、骨头、内脏、肠子，像半熟的卤制品滴着黑色的血，走来走去，像是支离破碎的我走来走去。我已经死了，我是在阴间。

中午开会，墙上贴满了 15 张素描遗像。

副大队长说是省厅神笔马良根据拼接好的尸体还原出的，12 号、13 号尸体因爆炸过度，只能还原一点点。我撑起眼睛看了看，那两张面孔好似一大一小两只鸡蛋。副大队长说：兄弟们，现在你们要做的是把群众放进来，让他们领人，谁领到这两具尸体，谁就是嫌疑犯的家属。

我踉跄走到尸体边，点好辟邪的香烟，忽听天上跑下一部嘈杂的海。不一会儿，面孔扭曲、欲哭无泪的男女老少便如急浪驰来，淹过一具尸体，又淹过另一具尸体。不知是谁抢到先手，找准一具，哇地哭将起来，这哭声原是和呕吐一般，很快传染开来。我便想爸爸了，爸爸听说我掉到湖里去了，像飓风吹刮的树，像醉汉，跌跌撞撞跑过来，一下没跑好，竟然摔倒在地。我看到了，跑过人群去扯他衣角，他看了一眼我，不相信，又看了一眼，哇地大哭起来。

我却是也要哭了，便不再看他们。

如此喧闹很久，像是有个抽水马桶，把喧闹又抽走了，大家跪在地上默默烧纸，收拾尸骨，只有前天碰到的粉底女人，还在念叨：他爸你享福了，享大福了。我知她老公恰如张老所言，到死还在亲嘴。我知她难以自处。后来，几个浓眉黑眼的发廊妹被带过来，交头接耳指着一具女尸说：就是她。粉底女人忽然站起，扑上去掐，掐得个个落荒而逃。粉底女人见手间什么也没有，便跺脚大骂：众人养的，婊子养的，鸡，鸡。

我跟着默念：鸡，鸡。

粉底女人消停后，我看了眼天空，忽被惨淡的光镇压了，忽然寂寞、寒冷。我闭上眼，想睡过去，仿佛睡过去了，事情就会自己过去。等我醒来，也恰是这样，夕阳、群众、13 具尸体都消失了。而两只鸡蛋样的 12 号、13 号尸体，还在面前一动不动躺着。我打起精神，重新审视他们，像审视没有谜底的谜面。我看到他们躺在飞速流逝的光阴里，急剧萎缩，失去皮肉，然后骨头也风化了，被风吹走，他们飘走时，挑衅地大笑。

媛媛跟着在空中挑衅地大笑。

我想，如果我即刻死掉，一定死不瞑目，便忽然理解起去年那个杀人的精神病来。就因为朋友说了一个关于他前妻的谜语，他逐渐失态，竟至疯了，而后在精神病院遍访高人，仍不得其解，竟又逾墙来找朋友，朋友给了谜底，但他觉得是假的，便杀了朋友两刀。当时听来，心下有五字，“总之很恐怖”，现在却忽知他的愤怒了。

回到家后，我干呕了好一会儿，半点不想吃，倒在床上，妈妈过来说，吃点吧。

我说：说了不吃。

妈妈擦着围裙讪讪而去，没过多久，又推门进来，我懒得理她，偏头装睡。又过了一阵，妈妈斗胆进来，庄重地说：老二，我也不知该说不该说，你就想到一点，家里什么都好，细水长流，留得青山在，不怕没柴烧。

我说：你说什么呢？

妈妈说：媛媛和她科长好了。

我说：你说什么呢？

妈妈说：我问到了，最近她和她科长去长沙出差了。

我说：出差不代表什么。

妈妈说：唯愿什么事没有。但是做父母的不喜欢这样的媳妇，你莫跟她来往了，不值得。

我挥了挥手。

妈妈说：你答应我，心里想开点。

我说：没事的，他也是喝我洗脚水，我早就不喜欢她了，正好。

可妈妈一走，压抑的火苗便在心间腾起，顷刻便将皮囊内的一切烧了个遍。我好像被什么推着，跃床而起，走来走去，将妈妈整理好的媛媛物品一一掀下来。有枚花瓶养着枯萎的玫瑰，掉下时竟然没碎，我提起一砸，它才清脆地碎了。然后，我又被越烧越大的火推到客厅里去了，我拿指尖拍打着电话上的数字，一连拍错三回，才算拍过去了。

电话一通，我劈头就喊：别他妈又有事，长沙很好玩吧？出你的差去吧。

媛媛说：出差怎么了？

我说：你明明说开会。

媛媛说：对啊，出差就是为了开会。

我说：装什么糊涂，分手吧。

媛媛说：好吧。

我说：你来把你的东西取走吧。

媛媛说：不要了。

我说：是你的东西，你自己取走，否则我扔了。

媛媛说：扔吧。

我说：那你把我的东西还给我。

媛媛说：好吧。

我说：你还是烧了吧。

媛媛说：好吧。

我说：别好吧了，你记着，过年时我去你家，给了你两千块。

媛媛说：我还给你。

我说：当然要还。

媛媛说：今天你是不是疯了？

我说：你他妈才疯了，自己心知肚明。

嫒嫒说：我没法跟你说。

然后电话挂了，嫒嫒消失了，就好似在街头吵架，对面突然蒸发了，我看着自己遍体鳞伤，起起伏伏，大败而归，忽然泪流满面。

那咸东西流过嘴角时，好似导火索一般，把自尊又燃起来了。我重整旗鼓，拿手指敲电话，敲过去一次被挂一次，最后终于接通了，人却衰竭得只剩嘶嘶声，什么也喊不出来。

许久，我才听到嫒嫒说：早点休息吧。

我将话筒砸到桌上，转身走了，我想嫒嫒你给我记着。走到窗户处时，又听到楼下妈妈和张姨、王姨在大声说话。王姨说：早看出来了，上次那边亲戚就告诉我了，说是天天坐车，手里还捧 999 朵玫瑰花呢。张姨说：我也早知道了，说是当着街就十指紧扣。叫老二莫生气，惹进门才麻烦呢。

我推开窗疯了似的喊：张姨、王姨，你们早知道了，怎么不告诉我？

妈妈恼怒地看了眼我，见我神色不对，马上进屋。妈妈擦了擦我脸上的泪痕，说：气是生不完的，自己身体要紧。你答应妈，别难过了，别为女人生气。

妈妈又说：两个阿姨也是欢喜，你说你娶这样的女人进屋，一街的邻居都不喜欢。以后说话别那么直接了，她们也是怕嫒嫒以后做你媳妇了，得罪她了，所以过去不说。现在做不成了，不就说了？

我听不下去，转身进房，妈妈好似要跟进来，我把门反锁了。妈妈敲了几下门，我大声说“没事”，敲门声才扭扭捏捏地消停了。

我拉灭灯火，可是刀枪棍棒还是一起亮锵锵杀到眼前来，我便取酒来一口口地喝，喝得热气一截截涌起来，整个人便前后左右在空中翻滚起来。

我在倒转的空中看到四壁坚硬的墙。我想是拿这个墙没有办法

了。我要是组织同事或者联防队员去打这对狗男女，他们就会掏出创可贴、红药水和云南白药，说自己和小偷带止痛片一样，早知道要挨打的，打完就没事了。我要是说你们真贱，他们就会说，是啊，我们真贱，贱得不行，七八代都很贱。我要是说把你们关起来，他们又会说我们多少还是懂得点法律的，这样吧，我们是良民，申请个拘留，十五天后咱们算两清了。

我想我他妈是和自己说相声，我他妈是什么气也出不了。

我提了枪，勒好裤带，呼哧呼哧地拉开房门，穿过客厅，又掏钥匙去开防盗门。转了几圈，哐当当响了，还是没开，我便踢。妈妈忽然穿着睡衣，赤着脚过来了。

妈妈说：你要去干什么？

我说：有点事。

妈妈说：你不能出门。

我说：你管不了。

我说：滚。

妈妈忽然拉开我，双手张到防盗门上，说：我不滚，今天你出不了这个门。

我喷着酒气，把妈妈拉到一边，扔到一边，继续扭钥匙。可是门总算开时，妈妈又喊起来：老二，你看着。

我回头一看，她手上抱着我爸爸。

我说：你想多了，媛媛不是还在长沙吗？

妈妈说：那你做什么去？

我说：我去散散心。

妈妈说：我陪你去。

我不耐烦地说：还是回吧，都回吧。

我把爸爸的遗像摆好在客厅时，发现他还是很严肃，到死都不会笑。

1998 年 2 月 17 日

次日，妈妈陪我打车到大队门口，我进门后又出来，看到一辆公交车冒着烟跑了，妈妈不见了，才脚步轻飘，脸色发红，恍如隔世地走向办公室。我想到同事，就好像他们正一个个地在开怀大笑，我想你们给可怜的人积一点德，不要过来意味深长地拍肩膀。可是到了，却发现他们早已掉入自己的深渊，烟抽几口，就掷地上，用脚搓来搓去。

从医院回来的说：医院里 23 个伤者，3 个快死了，6 个暂时脱离危险，剩余 14 个什么也讲不出来。司机伤得不重，头发却一下白了，医院掉下茶缸，他就尿床，声嘶力竭地要求转院。售票员正面受冲击，毁了容，医生怀疑精神失常，建议不要惊扰。还有些伤员虽然神志清醒，却提供不了什么线索。有一个甚至还说：就是你们坐车，也不会研究别人呀。

从炸药厂回来的说：本省的产销储渠道，说是每笔账都对得上，每件炸药都说得清去处，而且炸药外包装和爆炸案也不匹配。从做题目角度说，这是灾难，这意味着省里这个可控范围被排除了，嫌疑犯可能来自漠河，也可能来自海南，只要属于广阔的 960 万平方公里，就都有可能。如果从尸体外观做大胆联想，来自蒙古、东南亚也不是不可能呢。

从停尸间回来的说：认尸的群众陆陆续续来了二十好几个，我们像陪领导参观一样，陪他们走到水晶棺材边。他们歪着头，眯着眼，趴下身子，细细参观尸体，参观完了，一会儿说是，一会儿说不是，磨蹭很久，才羞涩地说，有 80% 的可能不是。其中一位最伤人了，哭得梨花带雨，让我们以为找到尸主了，结果他接到传呼，就笑起来，说：你们看，没死，通了信呢。

从派出所搞社调回来的说：社会调查那么容易搞么？本是可遇不可求之事，哪个派出所，哪个片区偶然找到线索，就破了，现在你投一百人一千人去做，投一百万一千万去做，做回来还是个零，这不是叫人下大海捞冰棍、到珠峰捉狐狸吗？

大家都说：妈的。

副大队长脸黑着进来，众人立刻噤声。副大队长一个个看，一个个瞅，瞅得眉毛竖起来，眼睛凸起来，胸腔一起一伏，我们便知，那股从部长嘴里缓缓生出，又在厅长、局长那里扇了几扇的怒火，终于要通过副大队长的嘴巴发泄到我们身上了。

空气宁静。

副大队长顿了顿，什么也没说，竟然走了。正当大家松弛下来时，他又折回来，让我哈气。我哈了口气，然后看到他整个脸聚成一团，接着从团团里伸出两颗大牙齿来。

副大队长喊道：你还好意思花天酒地。

我犟着头不回答。

副大队长又来揪我衣领，问：说，喝了多少？跟谁喝的？

我说：一个人喝的。

副大队长拍起我脑袋来，说：放你妈的屁。都什么时候了，你他妈是不是不想干了？

我说：是。

副大队长说：你再说一遍试试。

我大声地说：是。

大家忽然反应到什么，将我拥出门外，问我怎么了。我晃着一窝的泪水，什么也说不出来。中队长低声交代：别多想了，回家休息一两天，避避这烟鬼的风头，过几天他手头没烟了，又会到你抽屉里找的。

我匆忙点头，要走掉。忽然中队长又来拔我的枪，我说怎么啦。

中队长说：我先帮你存起来。

中队长又说：你别多想，我手下的人谁也开不掉。

我鞠了一躬，在他们错愕的眼光中，头也不回地走了。穿越大门时，好似穿越的是气候分界线，好似整个人忽然扎进茫茫冷水中，竟然想这就是冗长而惶恐的余生。我不知道要走到哪里去，只是脚步要走，左脚走了，右脚就要跟上去。东消失了，西消失了，南消失了，跟着北也消失了，雨开始宽阔而无限制地统治起世间来。

那些男人，女人，老人，小孩，在摇晃的树枝和踢踢踏踏的遮阳篷下，迈着大惊小怪、有惊无险的脚步，充满信心地朝前游弋，各回各家，只有我像怪物，在伸手拥抱这密密麻麻的惩罚，好像寒冷、痛苦、病痛和死亡才是快乐的本原。

好像高尔基在说：让暴风雨来得更猛烈些吧。

我也在说：让暴风雨来得更猛烈些吧。

我三年追来的女人，三天报废了。

我不可能再看到伞一般霍然打开的笑容，不可能再看到珠玉一般明澈的眼神，不可能将敬畏的身体置放在她的体香旁边，不可能从她微皱的眉头和扭摆的身躯体察到自远方而来的挛缩。那挛缩像浪花、像烟火，水乳交融，恩爱偕老。可是现在，她像是提着铲子把我体内的她生生挖走了。

我忽然如赌徒溃败，忽然像人只剩半边，空荡荡，血淋淋。我晃了好几下脑袋，还是这样，几天前还应有尽有，现在却被剥夺得一干二净。

后来，我勉强朝着电信大楼走去，在路过水淋淋的栅栏后，我看到修车铺旁边有一家没关门的小卖部，小卖部有一条谈判的线路。

我拨了媛媛的电话。

我说：我承受不住了。

我说：对不起，是我多心。

我说：原谅我吧。

媛媛薄薄的嘴唇在我的想象中开启了，锋利而决绝的牙齿像是早已准备好。

媛媛说：分手是你说的，你说分就分，说好就好。你以为我是什么？

我说：是我不好。

媛媛说：对不起。我不想再担惊受怕了，钱已汇了，你注意查收。

我说：我不想要你的钱，我只是生气找不到出气的。

媛媛说：是你的钱，不是我的钱，你的钱，我还给你。

我说：好吧，还吧，我也接不到了。

我说：我活不下去了。

媛媛静默了很久。

我说：我活不下去了。

媛媛说：对不起。

我说：我想见见你。

媛媛说：对不起。

我说：我他妈想见见你，我他妈活不下去了。

可是电话挂了，那最后几个字从话筒里弹出来，愣生生挂我嘴上，像根冰棍。老板目瞪口呆地看着我，我也看了下自己，雨水已将绿色制服涂染成黑色。

我凄惶地一笑，好像自己赤条条。我说：没见过警察这样吧？

老板不安地摇摇头。

我说：现在见着了。

我又说：我爸爸跟我说过了，宁叫天下人负我，不叫我负天下人。

老板说：你这是什么话，你工作那么好，还有面子。

我头也不回地走了，我想他一定对着我的背影深吸凉气，一定叫他的老婆出来看这人间奇迹。他说要报警，他老婆就揪他耳朵说，你真多事，一点记性都不长。

我苦笑着继续往浑噩的方向走，好似泪水从脸庞经过，一颗颗悲壮地砸开在眼前的路面上。我想我的活路就在你了，我在等待你伸出手，你伸出手轻轻一勾，我就像死狗看到骨头，阳光万道，益寿延年。

可是我的手机呢？我的手机不是早就丢了吗？我刚刚不是还在小卖部打公用电话吗？

我忽然又在人间多留了些时日。开始时，我准备等半个小时，可是我觉得这样的恐慌还不至于在人的内心生成。我想一小时足够了，一小时，媛媛在不停地说服自己，没事的，没事的，可是终于说服不了自己，她开始拼命打手机，打不通又往我家打，她一听到我妈的声音就说：阿姨，对不起，阿姨你快点帮我找回老二。阿姨，你快点。

一个半小时后，我脱下警服，颤抖着走进另一间小卖部。

我对妈妈说：媛媛来电话了吗？

妈妈说：没来。

我说：那你查查来电记录吧。

妈妈说：没有。你没事吧？不加班的话早点回，外边下了大雨。

我说：没事。

我放下电话，心间一叹，如今是死绝了。

我朝着一间废弃的大楼走去，楼道黑暗，好似地狱弯弯曲曲的入口。在最后一层，我拉了很久的铁闩，以为拉不开，那冰冷的东西忽往旁边一冲，竟将虎口夹出血来。我惨叫一声，好似看到屈辱层层叠叠涌上来。

拉开门后，狂风斜雨浇杀过来，我咬着牙齿，心想真是好死的时节。

啪的一下，啪，这个一米七三的身躯就将扑倒于坚硬的地面，雨水像清洗一只开瓢的西瓜，清洗着冒着热气的头颅，那本来还有点构造的东西，便很快模糊了，囫囵了，便不成样子了。第一个人看到地上这章鱼似的尸身后，手舞足蹈地大叫，接着来了很多人，他们也不打伞，也不加衣，就那样恐惧而好奇地看着警察拉警戒线，就那样等待媛媛。他们在媛媛跌跌撞撞来时，让开了一条路。他们心里说，就是这个可怕的女人，狐狸精，害死了这个男汉。他们心里想说的反映到他们的眼睛上，他们这样火辣辣地盯着媛媛。媛媛抖索着瘦弱的背，背上了沉重的十字架。

此后，她的背慢慢驼了，她没地方可去了，单位是火辣辣的眼光，街道也是，世间尽是。她从此披头散发，噩梦缠身。

这样想，我好似平衡了很多，便趴在栏杆上静候天神的命令。我看到密集的雨自身边路过，直冲下去，整个世界哗哗地响起来，然后又慢慢看到妈妈在下边伸着脖子，往这边望，她找寻了很久，忽然撞上我的眼睛了。我心间忽有闪电，竟是一下看到那眼窝里空洞洞的绝望了，便怔了起来，许久又知她是根本看不到我的，她只能无能地俯身，去收拾我的尸骨，像收拾一堆柴火，她对旁边的人说，走开。

我看到她背起编织袋，对人说，走开。然后像个疯女子消失在路面了。

我便知自己没勇气去死。我原本就怕死。我只是自怜。

可这时我的身躯忽被大地这块磁铁紧紧拉吸，栏杆好似撑持不住，要翻滚下去。我伸手猛推一把，那上边的一部分便分裂出来，像灭火器一样飞了下去。

接下来轮到我了。可是那里边生锈的钢筋又咬牙生生挺住了，我慢慢从那死亡的半空爬退回来。屏住呼吸把全部身躯退回到楼面后，我才踏实了，才知心脏像惊马般跳起来，才知呼吸像喷气般闯出来。我躺在那里，闻了很久，直到确信雨、树、尘土和万物的味道清晰地跑回鼻孔，才安心了。可是不久，我又神经质地爬起来，我害怕这楼面是斜的，我如今又要滑落下去。

骇然地站了几分钟，我去小心推别的栏杆，竟发现它们慢慢像摇篮一样，晃了起来。我便吓破胆，跳着跑了。

1998 年 2 月 18 日凌晨及以后的一段日子

我像一条落水狗回来后，看到一个矮小的影子晃荡着，一会儿摸我的脑门，一会儿啧啧叹息，一会儿要去熬姜水，一会儿又要下去买药。

我定睛看了几眼，总觉得她是另外一个世界的。

我说：你是我妈吗？

妈妈说：我是你妈你都不认得了？

我说：你不是我妈。

妈妈说：老二，你是怎么了？

我把“老二”听得真切，便知到家了，便忽然放松下来，几乎在倒在沙发的同时，如释重负地合上眼皮。如是睡了一会儿，觉得身上盖了好厚的被子，脚上盖了好厚的毯子，又被扶起来喝了好大一碗苦药，嘴角流了好些，不管不顾，又沉沉睡去了。这一睡进去，便好似进了一个雾世界，怎么走也走不到尽头，却总是有不长眼睛的恶人，忽然张牙舞爪地撞过来，我惊悚地连退几步，又总是被他们狞笑着撞上。他们撞上，像干枯的纸，碎落一地。后来我又看到半空中挂满脆嫩欲滴的雪梨，我跳起来够，够不着，我想大喊：梨，梨，梨。喉咙却是被掐住了一般，半点声音也吼不出。我感觉自己就要被掐死了，最后一次破口大喊，那封锁忽然就松了，喊声竟如惊雷，将我吓醒过来。

我看了很久，不知道自己在哪里，想起来找水喝，竟是没有丝毫力气了。抬头看了窗户，忽见天色已近微明，雨大概停了，可是风还在用拳头一下下擂着玻璃，偶然的远处，还有玻璃忽然掉下碎掉的声音。我转头看了眼妈妈的卧室，门开着，人却不知去哪里了。我忽然被彻骨的孤独包围起来，便缩紧在被窝，哄自己睡起来。

这样迷迷糊糊睡了一阵，隐隐听到远处有人在喊：老二回来啊。

另一个人跟着附和：回来了唉。

我心想是梦，可是又害怕这声音慢慢走到别地方去了，便巴着耳朵听，便听到那声音曲曲折折，忽然东忽然西，没个稳定的方向，便想那是别人家的，便焦躁起来，绞痛起来，两腿竟蹬起被子来。如是伤心，忽又听到那声音猛然在门口大声响起来，我听到妈妈在开防盗门，在一步步走上楼梯，便觉鬼魅般的世界一寸寸褪去，禁不住欢喜起来。

可是我的脸皮抽动着，却就是打不开眼皮。直到妈妈的手摸上我的额头，说：老二回来啊。我才忽然睁开眼皮，一看到妈妈，我便安宁了。

我说：妈，你们去哪里了？

妈妈和张姨一惊，接着灿烂地笑起来。

妈妈说：老二，我们给你叫魂去了。

我说：好生生的，搞迷信干什么？

妈妈说：怎么迷信？你小时发烧，都是我叫回来的。

张姨说：你妈想你肯定是看过爆炸案的尸体，失了魂，就去叫了。

张姨又说：是一步步走着去叫的啊。

我心下一算，这大桥到我家，是十里路。

我说：你说你年纪比我大，我不担心你，你倒担心我起来了。

妈妈说：我就是这样，谁叫你是我儿子呢。你 60 岁了，我 90 岁了，你还是我儿子。

此时，忽听防盗门又哐当当响了，却是王姨端着热气腾腾的米粥和茶叶蛋进来了。

妈妈说：辛苦王姨了。

王姨说：醒了？醒了就好，快给老范作个揖，老范保佑了。

妈妈一想正是，便匆匆跑到爸爸遗像那里，鞠了三个大躬，说：多谢范老子了。

我不顾她们说烫，狼吞虎咽，喝完米粥，忽然又说：妈，我以后再也不理媛媛了，她就是来求我，我也不理了。

几位妇女听了，欢欣鼓舞，抢着说：这就好，就应该这样。以后就这样报复她。

我心想这只不过是说给你们听听，她怎么可能来理我呢。我又想，你们也就是这么听听，你们就巴不得我平安百岁。

未几日，我休养生息，到得单位，发现桌上果有张两千元的汇款单，扭捏几下，还是撕了，然后像赌气的工人，投入到工作当中，别人弄好的材料，再弄一遍，别人问过的人，再问一遍，如是几番，才知用力过猛，便慢慢正常了。

我叮嘱自己：人家是阿紫，你不是游坦之。

我起先以为副大队长会给我点小鞋穿，可是这烟鬼倒很直接地给我一句话：快去买九包烟来。

我说干吗不买一条呢。他说：一条就算行贿了。

后来，我们因为别的案件下郊县，路过大桥，忽然感怀起来，就停在那里看了看，我看到那里天蓝云皓，山清水明，烧黑的车辆已然不见，护栏也像从来没有损坏一样，立在那里。仔细找了很久，才在路心找到一个锅盖大的坑和众多麻点大的小孔，但它们已然阻挡不住一辆辆车，吼叫着，生机勃勃地爬上来，开过去。

我想，车一辆辆开过去是个好比喻，就像日子一天天开过去，新闻一天天开过去。我们起初不能接受羞辱，习惯又好了，好比一个人被锯了手，起初想自杀，等到学会用一只手吃饭、如厕、做爱了，便知带着缺失生活了。我们从没有实现过破案率 100% 。

老百姓也是这样，第一次看耶路撒冷爆炸时，心疼得不行，看多了，今天看到 30 个人没了，明天看到 40 个人没了，就麻木了，就只看到一个数字了，仿佛炸飞的不是肉，是数字，是 12345。我们这里也这样，这些日的大规模停水事件，骚扰了半个城市的日常生活，这样，那十几具尸体便被忘记了好些。十几具是什么，是三百万人口的几分之几？是不能复生的他们重要还是活着的我们重要？我们没水，不能喝不能吃不能洗澡，渴死啦，臭死啦。

我更是这样，我原来还咬着牙齿等媛媛和我联系，哭丧着恳求我原谅，等了一阵子，又觉得要主动和媛媛见次面，了了心愿，可手头总有事。我就盘算，是事情重要，还是媛媛重要，结果是事情重要。后来听到张姨和王姨讲媛媛，是越讲越恶心，比如媛媛租了间房子，怕是被包养了，怕是每天干活，干得惊天动地，臭名远扬。我问自己，你心里难过吗？我便让张姨再讲一遍。张姨又说了一遍，我还是不生气。等到气候变了，街上女子衣服越穿越少，粉藕般的手和白玉般的胸露着，一晃一晃，我下身竟然说硬就硬，最后硬如一条铁杵。

我忽然忧伤起来。这世上原是没有忠诚的。

【贰】

1998 年 5 月 14 日

光阴荏苒，当媛媛把钱从四公里外重新汇来时，“情人节爆炸案”已像“杨乃武和小白菜”，是历史旧案了。我手捏新买的两千元摩托罗拉，把报纸盖脸上，脚架桌上，怀念路上偶遇的女人。当时我从公交下来，她恰好袅袅走上去了。我回头一看，她已经消失在一堆俗人中了。

我想着两只危险的高跟鞋，像支撑一樽即将摔倒的瓷器，支撑着修长的腿、细嫩的腰和呼之欲出的胸脯，心下便麻酥酥碎了。这时，我听到门忽被推开，摘下报纸，便看到一个头发乱如鸟巢的酱黑男子，举着皮包，挺着眼屎，呜呀呀地闯了进来。我拍着桌子说：干吗？

来者说：来领奖。

我说：领什么奖？

来者说：爆炸案啊，我破了爆炸案。

我心说民间福尔摩斯比民间科学家还多，便极不情愿地示意坐，要他把东西给我看，可他却捂死皮包，说一看就漏气了。他说：从 2 月 14 日算起，我开展独立调查已有 90 天，以一天 8 个工时计算，我出工 720 个小时，以一个工时 10 元计算，你们应支付我 7200 元；另外，我去大桥，一天来回车费是 20 元，三个月是 1800 元；还有，为了更好获取证据，我购买索尼相机一台，价格是 3400 元，购买胶卷60卷，价格是3000元，都有发票。这样加来，是15400元。你们如果要看，除支付5万元的悬赏金，还需支付15400元的劳务费，总计是65400元。

我想你要说相声，我就捧个哏，便问：你叫什么呀？

来者说：周三可。

这么一说，我就明白了，嘴角竟压不住笑。周三可原也算本城有名的闲人，人传他从不理胡子头发，从不扣裤扣子，从来夹着一个温州产的假皮包，从来能掏出很多名片来。如果你不懂法，他会掏出律师名片，并且真的给你出庭，问被告时，他会像港片律师一样扶着墨镜说：现在我所有问你的问题，你只需回答Yes or no，understand？如果你家有人出车祸，他会掏出调查公司的名片，信誓旦旦地说他握有现场证据，能证明是司机闯红灯还是你家人闯红灯，是车轧死了你家人还是你家人轧死了车；如果你活在某个闹市区，他会掏出报社通讯员的名片，名片上写“家事、国事、风流事，事事关心”，动员你向他举报线索，一经采用，好处费20个大洋到50个大洋不等，而他在向报社记者报料时，至少拿100。就是这样一人，可笑，可恨，可爱。

我说：谁知是不是宝贝呢？我们的狼狗去几百遍了，也没搜出来。

周三可急辩道：怎么不是呢？我一块石头一块石头地翻，翻了三个月，你看这里都翻脱皮了，你以为我诳你？跟你说，找到后我那个战栗，我怕被人扒了，被人抢了，就一次次背上边的信息，背好了，记住了，才安心了，才想到要回家休息，冷静冷静。可是在家刚待一分钟，我又怕夜长梦多，便打车来了。我一上车就说，往刑侦大队开，请直接往刑侦大队开。

我说：说这些做什么呢，看看就知道了。

周三可说：不能看。

我说：怎么不能看？

周三可说：你看了不认账怎么办？

我说：你把警察当什么了？

周三可说：我不管，你要看，就立字据。

我便扯下材料纸，装作要写，周三可说不行，说非要带刑侦大队字头的那种文件纸，我便又扯了一张那纸来。我说：写什么啊？

周三可说：证明。兹证明，如市民周宏广所提供证据身份证一张，为“情人节爆炸案”破案线索，即支付悬赏金人民币 65400 元。

我说：这事我得请示领导。

周三可说：好，我就等领导呢，跟你这些人没法说。

副大队长过来后，说：好，就这样写，不漏财，找人去盖个大队章子。快给我看看。

周三可大受鼓舞，从包里倒出塑料袋，从塑料袋里又倒出纸包，里三层外三层揭开后，拿出一张残缺的身份证，上边写着：名字，周力苟，民族，汉。头像和其余部分被烧毁严重，看不出是哪里人，多大年纪。缺损边沿有烧焦后结的痂，和爆炸案贴题。

我拿过死伤名单要核对，谁知周三可也从包里抽出一份来。周三可说：我核过了，死伤 38 位，有名有姓的 36 位，这张身份证的名字不在 36 之列，我断定是凶手。

副大队长说：谁知是不是你随便找张身份证烧的呢？

周三可抢过身份证，说：我到北京交公安部去。

副大队长忙说：别啊。老二，快倒茶。

周三可饮毕茶，又捡桌上的中华抽，抽几口，小心掐灭，夹在耳朵上，然后像主人一样，把刑侦大队前后左右看了看，瞅了瞅，方才兴致很高地走了。

我看他颠儿颠儿的模样，就想他找到身份证时，一定对着江上飞起的鸟儿大喊：发达了，老子发达了。就想他回去后，一定把字据小心压在箱底下，然后和老婆做三次爱，向居委会表三次功，劝棋友喝三趟酒，不醉不归。半夜又爬起来，撬起木箱，看字据，数65400的位数，确信不是6540，才肯去睡了。

如此，便是洞房花烛夜、金榜题名时、他乡遇故知、久旱逢甘霖，也不如了。

1998年5月17日

我们在本地查户口，查不出周力苟。通过省厅向下发协查通报，也没有回音。正要向公安部打报告全国协查时，江岸派出所的人打电话来，说在幸福旅社住宿登记簿上找到了这个名字。

我们风驰电掣赶往幸福旅社，吉普车忽然超了9路电车，我们想，是了。

在住宿登记簿上看到周力苟的住宿记录，竟是2月13日登记入住的，又是了。我们对着名字念，苟，一丝不苟的苟，忽觉淤塞的血管被打通，整个人神清气爽起来，风趣多情起来，几乎想打电话找到周三可，邀请他过来亲一口。

感谢这可爱的神仙，让我们直达谜底，我们只要按照住宿登记簿上写的，把车开到邻省文宁县吉祥乡周家铺村六组就可以了。享年28岁的周力苟，其生前将一览无余地摊开在我们面前。

黄昏时，我们饮庆功酒，竞相谈起世间的神奇来。比如周三可如果不笃信沙滩上有遗物，不像疯子一样持之以恒地去找，我们便不知道周力苟这个名字；比如服务员要是非常敬业，每天把房间翻来覆去地打扫，我们便不会在三个月后还在床垫夹层找到一根42厘米长的导火索——这导火索干什么用？当然是引爆炸药啊；比如老板当时不多句嘴，周力苟便不会把同伙名字也登上去，你也知道，两人住宿旅社一般只登记一个人名字的。可是周力苟填好名字、身份证号码和家庭住址后，老板忽然说，你把同住的也登上去，周力苟便又在旁边一笔一画注了“汪庆红同住”五字。

更神奇的是，老板竟对2月14日凌晨保有记忆。能有记忆，又是因为走肾。平日他走肾，来去鳏寡孤独，那日却猛见一男子伏墙嗷嗷地哭，好似还不单是嘴巴在哭，胸腔、大腿也在哭，身躯抖得怕人。老板等他尽兴了，问怎么啦，那人便转过涕泪四溢的脸来，老板看清了，阔阔的，眉眼大，痘痕多，本是个彪悍的种。却又是周力苟了。周力苟看着老板时，好似没看，好似活在另外一个世界，旋即鬼魅般飘回305房间。老板抖完尿回去，恰好路过那房间，又听到里头传出声音：别哭啦，哭什么哭。老板说，那声音穿墙过壁，高尖入耳，令人印象深刻。

老板说完，便叹息这么大一电视，这么一笔悬赏金，天天播，怎么就视而不见呢。

我说：还好意思说，炸药都住进店了。

那夜，我假装自己是周力苟，住进幸福旅社305房间，试图寻找一点可能的心理信息。我看到四壁是柔和的淡黄色，好似篝火的光映在美女皮肤上，温暖而愉悦。天花板中间则挂着一盏画中常见的古式吊灯，而墙壁上还真有幅硕大的画，是安格尔的《泉》，女人在山涧全裸，坦然露着红色的乳头和有弧度的腰部，因为右臂弯过来扶水罐的缘故，腋窝对着观者，却没有一根扫兴的腋毛。双腿夹着的私处也如此，虽有阴毛少许，也是驯服地收拢于腹下的交际线，仿佛书法里的一笔斜勾。

我想女人那里都是飞扬跋扈，险象环生，我想旅社都挂安格尔，粗俗肥腻，可这里怎么这么干净这么纯洁呢？我贴耳于墙，试图听

到隔壁职业的叫床声，始终没听到。拉开玻璃窗后，也没有想象中的垃圾场，倒是徐徐扑过来的江风让人忽然感怀。如是伫立，我寂寞，竟是想死的心都有了，竟想要给世间挂念的人打个电话，如此想来想去，竟又只有媛媛一个答案。我想说你不用担心我骚扰了，我想你念你，也只是自己想自己念了，我会好好过的。总之像个总结陈词，像个遗书，可是却又不记得媛媛的号码了，绞尽脑汁记了半晌，只记得 138 三个数字，竟是抓心。

我重新往远处看，远处挂了硕大的月球，照耀着底下一间间淡黄色的度假旅社。这些旅社像昼行夜伏的甲壳虫，排着长长的队伍，排过青翠的龟寿山，一路排到桥边。桥上，珠元宝作顶的桥堡正对着墨黑色的水，一下下闪着归来的红色光芒。我静心听，又听到水流的慈声，和轮船牧牛般的叫唤，一时得山水楼台、天堂圣界之灵，无话可说。

我觉得周力荀、汪庆红也是这样。

2 月 13 日下午四点，周力荀和汪庆红登记入住，关上门，忧伤了一会，痛哭了一会，推窗看到这世间的天堂，觉得被告慰了，便安静了。2 月 14 日上午九点，他们离开旅社，一头扎进最后的人间。我想他们一定好好吃了早饭，附近有几家不错的早餐店，卖热气腾腾的皮蛋瘦肉粥，那粥通过他们饥饿的喉管后，暖了他们的胃，让他们流下幸福的眼泪，他们觉得自己是个饱死鬼。吃完后，他们背着 10 公斤重的包，走到胜春北路公交站，或者胜春南路公交站，反正都不远，他们挤在一伙哈欠连连的人当中上了 9 路电车，走啊走，走到倒数第二排，看到一个位子，周力荀坐上去，汪庆红则拉着吊环。然后，他们看到电车路过一间间德国风格的房子、一棵棵制造氧气的树木和一阵阵清新的晨风，晃晃悠悠爬上了引桥。引桥长达 300 米，电车踩足油门，发出老将军式的剧烈呻吟，他们或许自小就崇拜这种大汽车的吼叫，心情豪迈起来，他们又看了眼蓝色的天穹，和折射到车窗的晨光，觉得够了，点点头，掩护着拉开拉链，一个抱着包，痛苦地闭上眼，一个反方向蹲下，镇静地点着导火索。在炸药接触火苗的十万分之一秒内，炸药体积变大几万倍，瞬间产生几十万个大气压，好似打翻人间和天堂的界限，穿透不幸与幸福的铁门，将他们炸离了这个世界。跟随他们一起到达天庭的是嫖娼的、扒窃的、上班的、回家的、想事的、做梦的，他们带着愤怒的灵魂，揪着二人的衣领，吵嚷着要回家，但是上帝说不用回去了，这里霞光万道，到处是棉花朵似的云彩，这里不用吃饭不用如厕，不用愤怒不用忧伤，不用担心工资、房子、老婆、孩子、疾病、火灾、欺压和下一顿饭，这里岁岁平安。

我找到张老的电话，拨了过去，张老同意了我这个判断。

张老说，他第一次上大桥，就被美抓住了。他想引桥让路面形成了好看的弧度，好似上行尽头是虚无，是天堂，是归宿。

张老又说，想不开的人都有一个归宿观。

张老还说，1980 年北京站那起爆炸案就是如此，89 人死伤，不过是为了一个知青作别。这知青去山西万荣插队，想靠当兵回京，不料复员时组织又把他分到运城拖拉机厂了。从地图上看，万荣和运城距北京一样远，努力来努力去，一公里便宜也没占到，知青便埋下大委屈，等到未婚妻嫁人，他便出离愤怒了，终日是想，所谓北京，所谓天安门，所谓前门豆汁，此生便是他乡了。知青探亲离京时，看到北京站弥勒佛式的身躯，想到他大肚能容天下不能容之事，却容不下他，便觉得被嘲讽了。此时，广播里又冒出中年女子不容置疑的声音，那声音是在催促他上车，抓紧上车。他便哗哗掉下泪来，像是被驱使着往安检口走去，走了十来步，又觉得这北京站正厅长得像个字，最后他说：不是个“门”吗？前日此门出，昨

日此门归，今日又逐出此门了。他便点了炸药。后来，人们看到遗书，说：地方虽不理想，但终究是个归宿。

张老说：其实在引爆时，他可能觉得没有比这更理想的。周力荀他们也一样，可能计划在桥中间炸，或者过了桥再炸，但他们在上坡时猛然看到天堂，便下手了。毛主席不是写过这吗，一桥飞架南北，天堑变通途。

我说：也有人不择地方的，也有人随便找个楼就要跳的。

张老说：那当然，急火攻心，就管不了那么多。

我说：张老您还好吗？

张老说：我很好，酒肉穿肠过，佛祖心中留。哈哈。

1998 年 5 月 18 日—5 月 19 日

次日一早，我带好牙膏牙刷、换洗内裤，赶到刑侦大队，准备出发去文宁县。车出大门时，那心情好似禁区内忽有空门，就等补一脚了。可是接下来，我就心惊胆战地看到街对面走过来一个女鬼，她穿着粗笨的红呢子裙，涂抹着鲜艳的口红，打着浓重的白霜，试图掩盖住丑陋的伤痕，却是掩饰不了。

我好似看到两边的楼一幢幢倒下，灰尘竟是漫天。

这时，同事说：那不是你家媛媛吗？

我说：瞎说。媛媛穿衣服这么难看吗？

车辆经过她时，我将身子侧了侧，遮住同事目光。我看到她头发凌乱，眼睛浮肿，鼻子和嘴巴枯着，神情畏惧地望了车子几眼，露出什么也望不到的怅憾来。我想这就是媛媛你么？我还好跟车出来了，你要是到大队找我，岂非丢死我的人了。我不解，自己怎会和这么丑、这么寒碜、这么没品的女人谈三年恋爱，还要死要活的，中了邪么？入了魔么？你瞧你穿的什么啊，做迎宾小姐啊。

可是车一开远，我又伤感了，究竟是有个地方回不去了，是有个女人回不去了，究竟是摧毁了。

我又想她可能有事找我，便像老师备课一般背起台词来。如是等待，手机竟是没有反应，而车已经越上高速公路，将指示牌一块块弃下，将清澈的路面像履带一样拖起来，我便困了，止不住瞌睡起来。如是行一百里，司机呼啦一声警报，我便睁眼看到前方一辆卧铺车匆促打方向，然后又耸一下肩膀，停路边了。我们的车嗖地飞过时，我好似感觉那扫视过来的乘客，个个是周力苟，个个是汪庆红，他们在艰难等待汽车修好，好去我们省，好去 2 月 14 日，而我们这辆马力十足的三菱吉普，则朝着他们省，朝着 2 月 14 日以前，一路狂奔。

我想到他们二人在卧铺车停下后，担心车顶放着的编织袋。

汪庆红说：路上颠簸，爆炸了怎么办呢？

周力苟说：炸药这东西文静得很，你捶它砸它它都没脾气，你点它才麻烦。

汪庆红说：要是别人扔的烟头吹到车顶呢？

周力苟说：风会把它吹走。即使吹不走，火也小了，想烧透编织袋，没那么容易。

汪庆红说：司机和售票员没发现吧？

周力苟说：发现了还不说？

汪庆红说：可现在停车了呀。

周力苟说：停车也没见他们跑啊，他们知道有炸药，还不跑？傻乎乎拿钳子干吗呢？

汪庆红说：万一发现了呢，要扭送到公安局啊。

周力苟说：送吧送吧，人总有一死，要死卵朝天。

汪庆红说：你这么说，我就好受了，我还以为是我逼你死呢。

我这样想，又觉不妥，因为旅社老板所说的周力苟，原是可怜软弱的。这样想还有个麻烦，就是周力苟有形象，而汪庆红没有形象。神笔马良根据旅社老板的讲述，补充补充，算是画出了周力苟，而汪庆红作为 13 号尸体，却始终没画出来。神笔马良说：他的头顶、鼻骨和面颊骨全破坏了，像被牛踩了几十脚。

后来天逐渐黑下来，路难走。也许我们还走错了，下高速，过省道，竟跑河里去了，车轮在河里转圈，甩了我们一身泥浆，我们骂司机，司机说地图上就是这样的啊。爬过河，又是山，那山路似纠缠于柱的铁丝，窄而薄，车灯一会照向惊愕突兀的山壁，一会照向虚渺，总好像要将我们摔到太空去，我们实在害怕，便让车停在阔地，搬大石固好轮胎，睡车里了。清晨醒来，我发现文宁县城就在眼下，摆着公园、烈士陵园和大大小小的楼房，像个破盒子。

我兴奋不已，却不料又走了半个上午。

后来去吉祥乡则索性没有柏油的意思，有时小心开很久，还得倒车，因为对面装猪的车没有倒车功能。到了民居改建成的吉祥派出所，文宁县公安局副局长勒令吃土鸡，如是酒行三巡，我们着急，副局长说，人都死了，急什么？

我们复核派出所户口档案，发现周力苟确有此人，却无照片，内勤说补办身份证时缺相片，撕下了。我想，管他呢，找到周力苟家就可以了，就有数了。这样到了傍晚，我们坐摩托，屁股都抖散了，才走到周家铺村六组，却发现传说中的周力苟脸变瘦，痘变没，驼着背在屋内抽烟呢。

我说：你是周力苟？

周力苟说：我是周力苟。

我们跑了七百多里，跋山涉水，像哥伦布穿洲过海，冒千辛万苦，想看死人，结果死人健在。我不死心，问，你说身份证两年前掉了，知道掉给谁吗？

周力苟说：娘啊，我也想知道呢。

我真想抽他。

回来后，那副局长安抚说，还有汪庆红呢，汪庆红可以查嘛。

但是我的双手已然空空，心里也是这样，我们原盼以周力苟带出汪庆红，现在却只剩汪庆红这光溜溜的名字了。这名字，一无民族，二无生日，三无住址，往哪里查？而且庆红庆红，全国庆红多矣，鬼知是哪个庆红。

此时，手机响了，来电是本省的。我心想是媛媛的，却不料里边喷出来的是个急切的男音，我是周三可啊，我是周三可。

我没好气地回道：干吗？

周三可说：我问钱，钱是不是可以发了？

我说：别想了，你那身份证没用。

周三可说：哦。

1998 年 5 月 19 日—5 月 27 日

回文宁县城后，我们用一周时间，查到该县有 12 个人叫汪庆红，全部健在。我一个个地召见，一个个地问：去过隔壁省吗？去过长江大桥吗？掉没掉身份证？他们晃着大小不一的头，答：没有，没有，没有。我继续说：这样吧，你发发声，发高点，发尖点。这些老头、小孩、年轻人，努力配合，学鸡叫，唱《青藏高原》，但我始终听不出有多高尖入耳，又多不高尖入耳。我糊涂了，糊涂得不行。人都死了，怎么会给你唱歌呢？但大家觉得是大事，唱唱无妨，唱唱就清白了。

更糊涂的是，周力苟的身份证掉在县城，可能是本县人捡了，可是查遍本县，也没听说一个五大三粗的活人失踪。如果是外地人

捡到，就要全国协查，或许能查出三五十万的失踪人口。汪庆红更可怕，他要真的是汪庆红，文宁县查不出。以文宁县有 12 个估算，全国恐怕得有三四万个吧。万一是假冒的汪庆红呢，怎么办？又得让这三四万个汪庆红回忆身份证都借给谁了。万一是掉了，又怎知是掉给谁呢？又或者，那 13 号尸体本来就做了个假身份证呢，怎么查呢？大海里的冰棍看来是要化完了。

我们鞠躬作揖，托付他们帮我们慢慢排查，便灰溜溜地上车回家，上路前，问有没有别的路可走，他们说，没有，就只这条山道，保重。吉普车抬腿上山，蹬腿过河，在省道上撒开腿子跑，跑了半天，好不容易上了高速，我们便去加油站加油。这时，文宁县公安局副局长忽又来电，说又有一个汪庆红来自首了。

我说：你们问清楚了吗？

副局长说：没过细问，你们快回吧。

我心想你们问完了再打电话也好，别让我们又来听大活人唱《青藏高原》了。但是既然有求于人，你能怎样？

我们的吉普疲惫地停进文宁县公安局后，一个穿污秽白工作服的男子跪爬过来。我一下车，他就说：我该死，我真该死。

我说：你是汪庆红吗？

那人说：是。我不是那个红字，我的虹是气贯长虹的虹。

我说：你不是嘛。

汪庆虹说：我从小到大都用这个虹桥的虹，户口本上也是这个，但是身份证上又是祖国河山一片红的红。

我心想，户口上叫虹，身份证又叫红，这事情多着，侯耀文侯跃文、闫肃阎肃我也分不清楚了。便又问：你的身份证是不是掉了？

汪庆虹说：没有，我的借给别人了。

我忽然一振，说：借给谁了？

汪庆虹说：吴军。

我说：吴军是谁？

汪庆虹说：以前我们食品厂的工人。

我说：吴军声音尖不尖？

汪庆虹说：尖。

我说：怎么个尖法？

汪庆虹说：像是鸟儿叫。

我急掏手机拨打幸福旅社，接通后说了些就把手机给汪庆虹，让他和老板单独沟通，两人嗯啊哦，一会儿学鸟叫，一会儿学“别哭啦，哭什么哭”，说是“只可意会不可言传”，竟是达成一致了。

我一旁听得几乎热泪盈眶，心想，果然是山重水复疑无路，柳暗花明又一村，果然是踏破铁鞋无觅处，得来全不费功夫。

我问：吴军什么时候离开文宁的？

汪庆虹说：不知道，他后来去了东街友丰旅社做事。

我问：你什么时候借他身份证的？

汪庆虹说：去年 8 月借的，当时我们在食品厂共事，吴军说身份证在澡堂掉了，我便抽他一耳光，说你个婊子养的，赔钱。吴军嘴恶，要咬我，可是我们本地人多，硬是要过来他 20 元。吴军没过多久就被厂里开除了。

我问：怎么开除了？

汪庆虹说：原因可以问厂里的每一个人，就是他喜欢唱戏，入了迷，有天以为是自己一人揉面，偷偷在车间画鬓角，描口红，咿咿呀呀唱起来，唱完又揉面，揉得汗如雨滴。当时有工友回来，看一妖怪在揉面，便吓坏了，便恶心了，便跑去报告厂长了。厂长心说这是搞卫生防疫检查呢，提一百块钱甩脸了，滚，滚，滚。吴军便气鼓鼓滚了。

我说：他是个什么样的人？

汪庆虹说：脸瘦，眼窝深陷，目珠却吓人，牙齿稍稍突出。很多人识他，却不知他来自何方。人问，就说黄山卖过画，嵩山练过武，庐山写过诗，唐山学过戏，号四大山人。

后来，食品厂的厂长被叫过来，说的情况也差不多。

厂长说：吴军被开除时，用爪子抓我袖子，说父母早亡，命运多舛，食饭不易，生活困顿，你不爱才也爱人啊。我觉得不是那回事，挥手掸他，他又暴怒地说，别以为你是主宰，我犯什么错啊，你今天说清楚，不说清楚我告去。我说，告去，告去。他却仍抓我衣服，不是抓了，是揪，我就着人把他扔出去了。这人来路不对，进厂也没登记身份证，是我们不对，我检讨。

1998 年 5 月 27 日晚

友丰旅社有四层，嵌在文宁县城东街一瓷砖民房里，进去后能见几张木桌，后头摆了观音像，掌上托红灯泡，闪一下灭一下。我们走入时，拍着巴掌喊人，心想出来的千万不要是吴军，我们就剩这条孤线了。

出来的却是个七十来岁的老人，胡子花白，道骨仙风。他一看到我们身上穿制服，便说：你们是找四大山人吧，走很久了。

我说：你怎知我们找他？

老人说：这等人物总会死的，死了就有人找了。

我心想是了，云开雾散了，可是又奇怪，便问：此话怎讲？

老人说：四大山人是去年十二月初七（1998 年 1 月 5 日）来的，初九那天便和罗汉闹事情，当时四大山人把菜刀斫在桌上，你看这里有痕吧，结果罗汉把他扔街上了，四大山人瘦，一下被扔到街心了，但他站起来和人打，打几回合，变挡，挡几回合，又变受了。四大山人不求饶，只说打吧打吧，打死拉倒。罗汉们不打了，四大山人又找砖头拍自己了，眼见拍出汪汪的血了，罗汉个个拦，却是拦不住，便溜了。后来还是何大智出来救命，何大智说，力气这么大，掰都掰不开。

我说：何大智是谁？

老人说：脸大如盆的东西。

我急忙拿出12号尸体画像，老人说，正是，这师傅画得好，和四大山人画的一般好。

我欲要问何大智，却是见老人兀自又说吴军去了，便由着他了。

老人说：四大山人和我有同好，就是唱戏，我们这里唱黄梅戏，他唱京戏，说是会唱虞姬。我听他摆过一次，他原是带戏服的，也带妆品的，唱起来还真是那么回事，高尖入耳，但拖得太长，听不懂唱什么。我问哪里学的，他说是拜名师梅葆玖学的。他还会画画，他走后我收拾，就有一张他的画，画了个女人披头散发，眼神刚烈，很是个人物，旁边还配了诗呢。我问画画又找谁学的呢，他说是拜名师齐白石学的。我说你大小是人物，待在这里可惜了，他说才这东西就是用来可惜的。正月十四（1998年2月10日）那天，天没亮他就不打招呼走了，不但他走了，何大智也走了。

我问：两人关系好吗？

老人说：好，还当着观音菩萨结义呢，说是不求同生但求同死。那天还摆酒请我做中，说工资不用发了，充酒钱。我后来还是发了。

我问：何大智你知是哪里人吗？

老人说：富强啊，富强是出人的地方，出了几个姓刘的大官，也出了何大智这个假把式。

我说：怎么个假把式法？

老人说：四大山人打架，他躲到厨房；罗汉们走了，他又提刀出来。你不知道他长多高，长多壮吧，就是这么一个壮汉，贪生怕死。我就不知道，四大山人这等人物怎么交上他。

我问：他们住哪里呢？

老人说：四大山人是外地人，没地住，就在四楼杂物间和何大智搭铺。

我问：四大山人是哪里人？

老人说：他没说。他写了诗，就是画上配的，说来本无根，去本无痕。

我说：诗在吗？

老人起身从观音像下取出一张纸来。我一看，那诗写着：来本无根，去本无痕，你本无身，我本无形，就在美丽地结束不美丽的生命。我忽一闪念，所谓美丽地，不就是那段上天的引桥吗？

我说：死意早定啊。

老人说：是啊，当时只作戏诗，现在看来是死了。

我说：是死了。

老人默然，也不问怎么死了。

我又问：他们还留下什么吗？

老人跺跺脚，说雨鞋是四大山人留下的，他穿着，表个纪念。老人又带我们上杂物间，我们翻了很久，在一张床铺下翻出一个香烟盒，在另一张床铺下翻出两张身份证，一个名叫艾保国，一个名叫涂重航。我问，这是四大山人的床铺吗？老人说是。

我心说，这人到底叫什么呢？

1998 年 5 月 28 日

在友丰旅社调查半夜后，没调查出更多信息，我们在文宁县公安局查到何大智的家庭住址后，第二日便往富强乡高坑小组赶了。

过富强乡政府后，上山两小时，到了羊肠小径顶端，方看到高坑小组。那里原是山顶凹下的一块地，蒸汽从湿润的土地生起，聚于屋顶，一动不动。我们进村后，也只听到一两声鸡鸣，家家户户开门，露出阴暗的年画，午饭没人收拾，尿布是湿的，不见人踪。

同行的富强乡政法干部摇醒小组长刘遵礼后，整个村落才跟着醒过来。刘遵礼晃了晃大而浊的眼球，看清我们的制服，惊慌不已，忙喊媳妇倒茶。那媳妇揭了开水瓶，发现没热气，噤若寒蝉地请示要不要烧点，我们说不麻烦了。

去何大智家时，一群小孩跟在后边，刘遵礼斥了一声，他们便像鸟儿飞没了，那些大人则推开窗，敬畏地窥探，我们回头，他们就拉上窗。到达何大智家后，我们发现堂内摆着两个遗像，一个是男老人，一个是女老人，刘遵礼说这是刘春枝的父母，两年前先后故了。刘遵礼喊春枝春枝，一个丹凤眼、柳梢眉，颇有些姿色的妇女便从内屋走出来。她也惊慌，不知出了什么事。

我说：你是何大智妻子吧？何大智可能不在人世了。

刘春枝看了眼刘遵礼，又看了眼我们，软瘫于地。一旁妇女去拉，却是越拉越躁。众人意欲拖她上床，她的手指又抠在地上，抠出道道槽印。我们很尴尬，不好追问，便四散去找村里的人。

刘遵礼说：何大智是三年前倒插门的，是外姓，但我们不见外，水库分鱼不短他，祠堂也领他进。何大智人老实，能吃亏，刘春枝父母故了后，他们夫妻越发恩爱和睦，有句黄梅戏怎么唱的？你耕田来我织布，就是这样的。我想不出他有什么想不开的，他在县城打工，或许在那边有问题吧。

我走到谷场，发现有个妇女收衣，便上去问，她羞涩地笑笑，一连跟我说听不懂。我想也是，她说的我还听不懂呢。我走了，她又喊：关系很好的，男耕田来女织布。喊完不好意思地笑了，我也笑了。后来我见一个老头坐在门前，欲要问，老头已转身进屋，只撂下一句：我不晓得，莫找我。

我们一行问出的东西差不多，要么是不晓得，要么是夫妻很好，树上的鸟儿成双对。我说这里人都爱听黄梅戏吗，政法干部说是呀，几十年只作兴严凤英。

刘春枝安顿后，抽搭搭地说了一些情况。何大智是去年年底从县城回来的，过年（1998 年 1 月 27 日）那日，他们中午在高坑吃饭，拜祠堂，晚上就去何山和父母、弟弟过年了，在那里住到正月初二（1998 年 1 月 29 日），刘春枝回高坑了，何大智去母舅表叔那里拜年，直到正月十一（1998 年 2 月 7 日）才回来，第二天就走了，说是和义兄打工去了。

刘春枝说：大智在家时挑粪砍树，打工时送钱回家。我总是说别打工了，在家种田也能活，他不听，说我没好吃的没好穿的。现在他死了，房梁倒了。

刘春枝擤了下鼻涕，又说：要说坏肯定是坏在他义兄手上了。我听说他义兄在县城打架，往死里打。肯定不是好人。

刘春枝给我看了结婚证，我一看那上头的何大智，像被电触了，因为他的眼闭着，只留条小缝，他死时竟也如此。张老当时说，他害怕。

我们离开高坑时，刘遵礼出来送，我记得他握手很用力，都能感受到手窝湿热的气息。走了十几步，我回头望，却发现他不见了，全村人也不见了，只有蒸汽悬浮在屋顶。

1998 年 5 月 29 日上午

次日，我们从富强乡政府出发，又走到了何山小组。我们看到何大智父母家原是个矮屋，土砖被雨水冲刷，囫囵不清，旁边有根黑木顶着，以防倒塌。小组长找了一会，便把何父、何母和何弟找回来了。何父皱纹密布，像是蜘蛛在脸上纵横拉网，何母嘴唇下扣，一看就知嘴恶，何弟则痴呆，老大不小的，挂着口水，以为我们有糖。

我说了情况后，何母大嚎大叫，何父赶忙推开她。何父眼里既无悲伤，也无诧异，只有麻木，何父鞠躬，说：给国家添麻烦了。

何父说没什么可说的，人都死了，何母则抢辩：怎么没说的，人不能这样死了。何父想拦，看她站在我们里边，便失望地拿着小锄头和小篮子出了门。何母说：死东西挖药去了。

没人阻拦了，何母就说得欢起来，到最后手都说抖了。

何母说：我儿死，我早知道，刘家人也早知道了，他们装不知道吧？小学订了报纸呢，说长江大桥爆炸了，我儿出门前跟刘春枝说了，他过不下去了，要去炸长江大桥，炸得全国都知道。现在你们来了，谢天谢地，有公理了。

何母说：都是刘春枝这妖精害的，我儿那么欢喜她，照顾她，可是她把钱管了，不给他吃好的，好的都给老乌龟刘遵礼吃了。刘遵礼和她扒灰呢，扒了多年，全村都晓得。我们也是穷，穷才娶这样的浪荡货，还倒插门。我们原以为结婚了，大家就收敛了，谁知刘遵礼还去，被发现了还打我儿。我儿太老实了，后来刘遵礼竟然不顾廉耻，和刘春枝睡到一床，叫我儿去煮面。我心想，你煮就煮啊，放老鼠药毒死他们。我儿每次回来，我都让他翻衣服，我看到背上总是条条紫痕，都是打的，造孽啊。我儿后来被逼着去打工，说是碍着眼睛了。你说我儿有活路没有？没有。他受了委屈，他也有脾气啊。今年过年，刘春枝来了，我们做好肉好菜，她一脸不耐烦，不下筷子，磨到初二就回去了，来拜年的亲戚还说你们媳妇呢，我不好说，我能说她赶回去和刘遵礼那个老乌龟戳瘪么？我就不知道，人怎么有那么多瘾要戳？

何母说：初四（1998 年 1 月 31 日）那天，我儿拜年回来，喝得醉醺醺的，我恼了，揪他耳朵说，你一个七尺男儿，连老婆都管不住，顶卵用。我儿犟，说别说了，别说了，知道了。却是磨到正月十一才回到高坑，十二就打工去了。现在看来不是打工，是炸桥。你说他不炸桥炸什么，他戴那么大一顶绿帽子，就要炸桥。

我说：他怎么不炸高坑呢？

何母说：他敢？我们这里谁敢？刘家光一个老三，就能把人吃了。我们这里都怕刘家人，刘家人上头有大官，欺人太甚。你们公安来了，你们是公道，你们管管这些扒灰佬。你知刘遵礼这个老乌龟扒出什么名声吗？他跑到人家窗下吹口哨，把人家男人吹出来了。人家男人生气了，趁刘遵礼到乡里开会，把老婆带到会场，说，你不是喜欢吗？给你。你知刘遵礼说什么吗？刘遵礼大手一挥，说，我得了。你说这样的人该不该毙？你们拿枪打那个刘遵礼，打那个狐狸精，打死她，我看她求饶不求饶，后悔不后悔，几百年妇道全被她败了。你们要是不干，我去干，我一定拿针扎她，拿火烧她，拿锄头戳她，戳死她这烂瘾。

1998 年 5 月 29 日下午至夜

当日下午，我们重回高坑，没见着刘春枝，说去县城了，也没见着刘遵礼，说走亲戚去了，十天半月回不来。同行的政法干部恶了，问：去哪个亲戚家了，地址告诉我。刘遵礼老婆支支吾吾，政法干部便揪衣领喊：你倒是说呀。

刘遵礼老婆挣脱开后，跑到谷场大叫“公安打人了”，然后翻倒在地，抽搐双腿，吐出很多唾沫来。我们跑出时，人们已像洪水冒出来，他们男女老少，提棍持锄，举刀舞斧，黑压压一片，围了过来。他们问怎样了，刘遵礼老婆便干呕，说不行了。他们便大声鼓噪，几个不怕死的老头便拿竹棍敲我们，未几，刘遵礼单独从一间屋内杀出，他老远就挺着鸡蛋大的眼球喊：谁打我老婆？然后接过菜刀，看了一眼，剁向政法干部，如是十几刀，政法干部捂着右臂，说痛也痛也，却不见有血冒出。

我脑袋一片空白，任人推来推去，胡乱地说几句“冷静点”，但人们已没法冷静，因为政法干部把菜刀夺走了。政法干部挥舞菜刀，叫嚷着跑了，当地民警说声快跑，也跑了。这阵势便只剩我了，我想跑，又想人们看我背影，盯我警服呢，他们一定说警察屁滚尿流，一定笑岔了气。我只能暗自加快脚步。

那边厢，政法干部跑到羊肠小径上后，自觉安全了，便舞刀大喊：刘遵礼，你别猖狂，你的罪证在这里。

他这么喊，后头村民便赶几步，把死要面子的我逮住了。

我被抬起后，像睡在摇篮，看到天穹，很蓝，很深邃，很安静，像枚瓷器，辉煌欲碎，接着，又听到暴雨般的声音，那些声音说要处死我，我便滚下两行泪来。他们抬了几十步后，猛然将我放下，我立于大地，脑袋一阵眩晕，然后便清晰地看到对面苍翠的山坡、湿黄的石头和清新的树，鸟儿正踩在晃悠悠的树枝上点头。

我不知道身在何方，所在何时，要干什么，要说什么，我僵直身体，等待山脚一汉子取出柴枪，丈量好步子，疯狂往这里跑来。我看到肌肉在他胸腹上下滚动，空气越来越满，张力越来越大，像是有大事发生。枪尖在太阳底下忽然闪出灿光，我又知道，那大事原来是刺穿一袋面粉，我的腹部将像面粉一样，发出噗的一声。我心门一急，狂念：妈妈，妈妈。

我想去摸枪，却发现双臂已被架住，挣脱不了。更何况那支枪，在来文宁前我嫌麻烦又托公家保管了。我便像头即将挨宰的兽，全身抽搐，焦躁不安，忽而又见亮光一闪，全身安静下来，粉黛不施的媛媛走到面前，拉住我的手，要我和她一起从隧道走过去。我看到那不远处的洞口闪耀着刺眼的强光，便抓紧了媛媛的手。

我看到她歪过头来，对着我毫无芥蒂、灿烂地笑着。

眼见宏大的光明将吞没我们，一声嘶喝却又将我惊回现实。我睁开眼，看到像列车一样奔行的壮汉正在恐怖地紧急刹车，我想他的脚趾搓在地上，全部扭伤了，脚掌也蹭出大片的皮肉。我看到他把柴枪插到土里，痛苦地说：哥，哥，你这是怎么啦？

刘遵礼瞪了一眼，说：老三，你是不是想我死啊？

我听得此话，忽然疏放了血液，竟觉世界如此可亲，如此活力。我觉得刚才应该失禁了，低头一看，却是没有。暗自提了提阴根，仍是没什么尿意。我其实早该想到，刘遵礼原也是怕事的，否则不会拿着刀背对着政法干部砍十几刀。我“咳”地叹息一声，甚至想去调解他们兄弟，怎奈刘遵礼又死死盯着我，好像要恢复一只老虎原有的尊严。

我躲闪开目光，却不料他又拉我胳膊，让我看他。我看得心慌，那里还是两只浑浊而恐怖的大眼球。

刘遵礼忽而说：铐上我吧。

我说：为什么？

刘遵礼说：我破坏人家夫妻感情，破坏我知不犯法。但人家把毛主席的长江大桥炸了，我就肯定犯法了。

我说：你有没有打何大智？

刘遵礼说：没有，我只偷他老婆。

我说：没打就没事。

刘遵礼说：果然没事？

我说：没事。

刘遵礼说：不是因为你在我手里，才这样说吧？

我说：你放了我，我也会说没事。

我怕他不放心，又说：本来就没事。

刘遵礼大笑起来，笑完哭，哭完对众人说，以后有人来问，就别说你耕田来我织布了，就说我偷人，偷就偷了，没事。众人如遭大赦，跟着笑起来，刘遵礼的老婆也幸福地笑了。

那夜，我非得吃刘遵礼最好的腊肉，饮刘遵礼最好的藏酒，才得以离开高坑。刘遵礼打电筒把我送过羊肠小路后，说：你说话算数吗？我说：算数。他才算是安心地回了。

一个人走到村部后，我算是轻松了些，便解开裤扣拉尿，哗哗泡松好大一块地，我觉得快完了，那液体仍然如柱狂奔，我便想以前从媛媛家回来，都要紧张地在土墙边拉一泡尿，我想媛媛有一天要是问我有多爱她，我就会带她到那里，轻轻把泡松的土墙推倒。

在村部小卖部，同伙拿菜刀磨柜台，气势汹汹，我忽而也气势汹汹，我想你刘遵礼至少是袭警啊。一个多小时后，十几个当地民警赶来，大家鼓噪着上路，要去扳平，却不料带头的接了一个电话，又丧气地命令我们不要去。

从山路往下走后，我朝上看了看月亮，月亮就挂在树枝上，硕大无朋，就像要掉下来一样，很恐怖。可是我总是止不住往上看，我怕，就是我还活着。上了车后，听到机器哼叫的声音，我便知路面被一丈丈抛下。

我是再也不来这地方了。

1998 年 6 月 2 日

在文宁县去了几趟矿山，往高坑刘遵礼那里又打了几个电话后，我们得到一点信息，但得不到更多，便收兵回本省了。6 月 2 日，刑侦大队发出协查吴军的通告，我受命整理破案报告。

我能写出的纲要是：2 月 7 日，原爆破手何大智声称帮高坑水库买炸鱼用品，从文宁县某铜矿保管员处私购硝铵炸药 10 公斤，当日回家，向妻子刘春枝说：我不和你过了，我要去炸人，春运火车挤，我就炸汽车，我要炸长江大桥的汽车。2 月 10 日，何大智与吴军离开友丰旅社，乘卧铺车抵达本省。2 月 14 日，两人离开幸福旅社，搭乘 9 路电车，在长江大桥引爆炸药。

我能推测出的爆炸因由是“爱情恐怖主义”。写报告前，我打通了张老的电话，说了一些情况，张老听说我要请教，不痛不快地说：我是最后一次帮你了。

我说：1 月 31 日，何母对儿子何大智说，你没个卵用。此时何大智的自尊心已毁至谷底，他一定想到自己的无能，想到小孩子都说他戴绿帽，阳痿，便受不了，便要和心肠素狠的妻子赌个博，赌注就是炸汽车。为了使一切看来像真的，为了彻底吓倒对方，他特意搞来 10 公斤炸药。2 月 7 日他向刘春枝摊牌，说了要自杀的意思，不单是自己要死，很多人也要陪着死。这是场情感赌博，赌赢了，刘春枝会害怕，会恳求他不要这么做，老实巴交的他就会原谅她，好好待她，和她一起好好生活；赌输就没想到，赌徒好像从来不会想到输。结果刘春枝恰恰表现得无动于衷，这样何大智就被逼上悬崖了。

张老说：面子这东西在乡村是这样，对一贯有的人来说，算不得什么，对没有的，却特别重要。

我说：嗯。刘春枝说，你快点去炸啊。何大智就束手无策了，就傻眼了，就只能昏昏沉沉提着炸药走了。他总不能四肢健全地跑回来，告诉众亲朋，我没炸。可惜刘春枝不懂这个处境，等她懂了，就晚了。2 月 11 日，刘春枝托人往县城带信，说，我对不起你，你不要做对不起党和社会主义的事情。这信晚来了一天，那边何大智等啊等，等了两三天，已经万念俱灰，已经离开文宁县城了。此时只有桥塌了，或者电车罢工了，才能给何大智台阶下。何大智估计也惶恐，当天凌晨，他伏在厕所墙上哭过。

张老说：是，两个引爆人中间，有一个是明显害怕的。

我说：何大智越靠近我们省，人生之路就越少，越觉自己是被冲动绑架了。可是他又能想到，自己在绝情绝义的美人那里什么也得不到，便不如死了。接着，他又会想到，恰恰没有比搞一场爆炸案更能报复刘春枝的了。他想全国潮水般的口水将浇向刘春枝，让她自责、惊慌、恐惧，夜夜做噩梦，终生背十字架。这时，他或许又是快意恩仇的上帝，在主持，在审判，这也许是软弱的他坚持到最后的原因。

张老说：等等，我觉得自杀也能达到同样效果，自杀照样能把指责引向刘春枝。

我说：他说出炸桥的话了，收不回了。

张老说：那他当初为什么不说“我要自杀”呢，我觉得蹊跷。

我说：您讲过，弱者迷恋爆炸效果。何大智一定权衡过炸十人和炸一人的效果，当然是前者更富于证明性。我想何大智一定渴望扬眉吐气，渴望自己最后一把不输给刘遵礼。事实也是，刘遵礼被他这一举动镇压了。

张老说：有漏洞。我再假设，为什么不炸他老婆的村子呢？

我说：何大智起先只想用威胁炸人来赌博。何大智说要炸老婆的本家，怎么挽回？更何况那高坑是个恶地，人凶得不得了，大家听说何大智要炸他们，还不把他打死，何大智不会这么傻。

张老说：他要死，为何拖个人陪呢？

我说：您说的是吴军，吴军不知是哪里人，但极度厌世，原是待死之人。我这里有他的遗书，上面画了女人，写了诗，说，来本无根，去本无痕，你本无身，我本无形，就在美丽地结束不美丽的生命。我判断他是失恋之人，奢望自毁。

张老说：一手破诗。

我说：他叫四大山人，会画画、写诗、唱戏、武打。他老板说他艺术不错，我觉得至少是有文化的了。一个有文化的人在县城旅社擦桌子洗碗，说明自弃。很多人不就喜欢这样吗？你说我一表人才，前途无量，好，我报废给你看。你不爱我，我就报废，我越报废越超然，越报废越清高。我觉得挑在情人节这天升天，是吴军的主意。何大智没文化，定然想不到。

张老说：对，有点文化的人就这样，特喜欢看《读者文摘》，特重视情人节啊圣诞节啊母亲节什么的。

我说：我老觉得这是一场由失恋导致的恐怖主义。何大智想对傲慢的刘春枝发出恼怒信号，吴军想对心中的女神发出自毁宣言，两个人凑一起，互相影响，就成行了。何大智可能有点不坚决，早有死意的吴军则裹挟着他前进。

张老说：直觉上我感觉不对，你就可能吧，假设吧，编吧，反正这类案件破不破都一样，破了也挽回不了什么。

我心想，你老怎么这么轻慢，我自己都差点成炮灰了，你还争辩什么，你失过恋么？

我说：谢谢张老。

张老却是说：别和老头见怪了，再见。

我说：再见。

张老说：再见。

1998 年 6 月 5 日—6 月 10 日

整理好材料后，我交给副大队长，副大队长签字“可”，又交给大队长，大队长签字“可”，大队长从局长那里回来后，叫我们去行管科领点钱，准备赴京汇报。在行管科那里办手续时，我顺便问了下周三可的悬赏金，人家却说他对着镜子把脖子割了，血溅三尺，死了。

我说：你确定是周三可吗?

那姑娘说：是啊，怎么不是?

我想这 65400 元，我们应该再给他添上 4500 元才是。可是添再多都没用了。

下午我拿着批示去行管科支另外一笔钱，会计姑娘又急忙说，没死呢，周三可中午猴急着赶来了，把悬赏金一文不少地取走了，还一张张地看，怕是有假钱。

我说：我说呢。

6 月 5 日，我们坐飞机赴京汇报情况，公安部表达了疑虑，但还是承认了破案结论。我订票准备从北京站回，忽然想到那北京站的门，便想到张老，便和副大队长说要不要去探望探望他。副大队长当然同意，我打张老电话，却发现始终只有一个女士在说，您所拨打的电话暂时无法接通。我又把电话拨到公安部刑侦局，负责接待我们的人说：张其翼同志死了。

怎么可能?

但人家就是这样说的。

我忽觉被一盆水兜头浇下，竟是跌坐于椅，半晌不能言语。那边好似知道什么，又说：实验炸药时不小心牺牲了。

我回头对副大队长说：张老弄炸药不小心把自己炸死了。

副大队长一惊，忽而说：怪人啊，会划水的被水呛死了。

次日，我们买好又大又阔的花圈，唏嘘着赶往八宝山，原以为那里哭声震天，可是一走进追悼会现场，却发现松松散散摆了七八只花圈，稀稀落落站了十几个人。张老坐在遗像里，嘴唇紧扣，眼神凌厉，将所有人拒之门外。旁边有惨白的对联一副，写：鞠躬尽瘁死而后已，功勋卓著思无可追。

横批是：烈士千古。

我们向着骨灰盒鞠完躬后，才知没有一个家属过来扶接、握手。我们便退到一旁，听一个戴眼镜的警监严肃地走到堂前念悼词，他面无表情，念了诸如舍小家顾大家、莫大的损失等词，正要念“永垂不朽”时，话筒突然没声音了，他拨了拨，声音又刺响起来，他想也差不多说完了，便鞠上一躬，在别人的招呼下走了。然后大家呼啦啦走了，手机此起彼伏响个不停。我回头看了眼，张老还是那样拒人千里之外地看着，甚是凄寒。

在外边，我们问了个相熟的部里人，他叹息道：张老是鳏夫，又没朋友，可怜得很。

那人又说：张老一直住在老宿舍，不开窗帘，深居简出，说是专门研制一种针对人体的炸弹，也研究出来了，很少分量，能在极短时间内，根据骨骼结构和肌肉分布情况，对人体实施摧毁力极强的定向爆破。张老在遗书里说，科学外表看像个美丽的女子，本质却又是邪恶的，你越知道这东西不能研制，可又越禁不住它的诱惑。东西没做出来时，张老还正常，还来上班，做出来了，就完了，就在家里走来走去，不知道怎么办，因为世上没有活人可以供他实验，拿到猪羊身上实验又不具有针对性，他心一狠，便把自己当实验品了。张老在遗书里公布了炸药配置方法，希望能给我们一点提前量，就是未来有人这样爆炸时，可以做到心里有数。我们看了几遍，代码太多，看不懂，又觉得邪恶，便烧了。

我问：张老是如何把自己炸掉的呢？

那人说：2 号晚上，老宿舍发出嘭的声响后，邻居就报案了。出警的人赶到后，推开门，发现房间很干净，接着又推开卫生间，发现牙刷、毛巾和水管也完好无损，水龙头和莲蓬头还在哗哗地喷水，只有天花板和角落还涂抹了一点肉酱。按照遗书上的说法，张老应该是在天顶、脖颈、胸脯、后背、腹部、膝盖和脚面安装了七枚液弹，把自己炸粉碎了，可是又没有伤害到别的东西。你看追悼会上有骨灰盒，其实盒子是空的，他的尸骨都让水冲走，冲到下水道去了。

我忽然悲怆起来，忽然想到张老最后一句话是说给我的。他说：再见。我说：再见。他又说：再见。我想他是在特意向这愚蠢人世的代表挥手，他说，傻孩子，我要去天堂寻找聪明的伙伴了，不陪你们玩了。

我们回去时，看到北京站正厅果然是个门字，门下穿赤橙黄绿青蓝紫各色衣服的人，提着大包小包，你推我撞，熙熙攘攘，各有方向，各有目的，各有事情，只是不见张老其人，我便省张老万世孤独。

归来后，我越念及张老，越觉自己是偷走了奖赏，因为我并没找到让何大智、吴军达成死亡默契的切实证据。当日他们结拜有言“但求同死”，但也只是宣誓而已，很难相信，刘春枝给何大智造成的痛苦，会感染到吴军；反过来亦是。我和朋友聊及此事，朋友却说，即使你的结论是错误的，那也是目前最靠近真相的结论了。

我心下不安，却也只好如此了，在我的智力范围内，这已是殚精竭虑了。

忙完一切，回到家，忽见着白发一路长进妈妈的头发，便说：妈，你老了。

妈妈说：哪里老了？我没有变化啊。倒是你瘦很多了。你看，你瘦得腮骨都出来了。

我说：没有吧。

妈妈说：我老是惦记你不结婚，新谈朋友了吗？

我说：没呢，不是忙案子吗？

妈妈说：媛媛就莫要了，以后就是找你也莫要了。

我说：她可能找我吗？

妈妈说：我就是提醒下你。

到巷口，拜见王姨，王姨露出欣喜的门牙，心疼地说：老二回来啦，瘦了不少。然后拉我进门，小声说：老二你出气了。媛媛的事不知怎么被发现了，科长老婆跑到单位，狂抓媛媛的脸，闹得很大。起初大家以为闹一下就算了，谁知那妇女足足去闹了大半个月，一直闹到媛媛不敢上班，科长在单位也做了检讨，可是他老婆还是不依不饶，竟又天天到纪委上班，把纪委上烦了，便把科长免了。科长回头就和他老婆离婚了，一出民政局，他就找媛媛，说是总算可以结婚了，可媛媛不知怎么回事，以前对他挺好，这下却不答应。这科长就拿刀出来唬人，媛媛还是不答应。至今还没解决呢。

张姨恰好进来，说：媛媛是势利小人，官免了，就不跟人家了。

我说：我妈怎不跟我说？

王姨说：你妈嗤了三声，大概是要保持蔑视的姿态。

我想到我妈，心下忽然凄凉，我爸去后十几年，都是她做饭我吃，我今日也要做顿饭她吃。这么想便起身去买菜了。路过菜市场，看到公共厕所，以前那里坐着纹绿眉毛的阿姨，死气沉沉，群蝇毕至，现在却仙气袅袅，芬香扑鼻，门口也换成个低头看书的男子，穿西服，打领带，摩丝头光光的。

我望了那厕所门楣一眼，有红福字倒挂着，旁边又有长条红纸一方，写“开张大吉”，我想这是个什么世界。

1998 年 6 月 14 日

“情人节爆炸案”过去整整四个月，我被副大队长、大队长、副局长先后找去谈话，被告知提了个中队教导员，享受副科待遇。我回来时，背着手在新办公室内走过来走过去，总觉得墙上少了幅画。挂《劝世歌》好似太俗，挂《泉》又太暴露，挂《清明上河图》或许贴题，想想，还是自己动手把《人民警察之歌》的宣传画挂了上去。如是，忽来了个实习警员，拿着材料要我签字，我看都没看就签了。那小孩要走，我又招手叫了回来，把签名看了一遍。

我心想，范教导啊范教导，你也该练练字了。

下班时，我小心锁好办公室，竟是有些不肯走，总算转身时，忽又见面前站了一个衣衫褴褛、浑身发臭、皱纹纵横驱驰的老头。老头看到我就松开板车，趴在地上磕头，我心想这是谁把他放进来了，转而又觉自己站得太高了，便蹲下说：老伯请起。

老头抬起头，喷出一嘴口臭，说：我认得你，你是好干部。

我说：你说仔细点。

老头又说：我认得你，你去过我们文宁县。

我这才惊醒过来，来者却是文宁县富强乡何山小组的何文暹，却是死者何大智的父亲。当日我们去找他，他自顾采药去了，好似麻木，如今怎的又赶来了。

我说：你来干吗呢？

何文暹说：我来拖我儿尸体。

我骇然摊开双手，说：只有一把灰，怕是火葬场处理了。

何文暹的眼皮忽然上下眨起来，不久，便眨出好几颗黄豆大的泪水，接着又痴了，好似脊椎被人击断了。我看得心下不忍，便进了办公室，找到火葬场电话拨过去，问了竟然有人值班，便按了下遥控器，那边吉普车怪叫了两声。

我出来后对何文暹说：老伯，我带你去火葬场。

何文暹就又复活了，站起来去拖板车。我说：不用拖，就放在这里。他好像没听懂，不舍得放下，我又大声说：放在这里，没人偷的。何文暹才小心把板车拖到一边。

我开着车载着何文暹往郊外疾驰时，用余光瞟了下他，却是发现他也不瞅矗立的高楼大厦，也不看飞转的灯红酒绿，就是缩着身子扑簌扑簌掉泪，好似我以前送过的一个走失儿童。

到了火葬场后，值班员把何大智的骨灰盒搂了出来，何文暹看了很久看不懂，我说：就是这个，你儿子就在这里。何文暹便去找机关，找了半天找不出来，我一拨，那盒子便开了，何文暹解开小袋一看，果然是些灰，双手竟抖索起来，好似一时得了帕金森综合征。我正要扶，他又放天哭起来，那眼泪一颗颗滚，像石头一颗颗滚。我知是真悲伤，便让值班的弄些饭食来，那人端来冷饭后，何文暹用手抓了几把，塞下去，把喉咙噎住了。咽了几口，咽不下去，便呕出来。有些米饭掉到地上，他便用手一粒一粒捉起来，捉完了又用袖子擦地，说：麻烦了。

转而他又说：是我害死你了啊。

我心想这是怎么了，见值班的好似也为难，便把何文暹扶回车上，把他拉走了。这一路，他就是把头一下下撞在骨灰盒上，说：是我害死你了啊。

我说：老伯别难过，不能怪你。

何文暹起初没在意，我又劝了几番后，他忽说：怎么不怪我？就是怪我啊。

到大队后，我把车停在板车旁边，进去打电话给门卫，要他准备点饮水食物，然后把何文暹请到沙发上，任他哭泣。这样哭完了，何文暹好像洗了个脸一般，竟是往我办公室四处惶恐地望。我说，老伯别难过，你有什么可以跟我说。

何文暹看了眼我，我直视着他，点点头，他便放松下来。

何文暹说：我儿是被我逼死的。1995 年热天，我儿在铜矿不做了，回家待着。我问怎么不做，他说开除了。后来我才知不是被开除的，是自己溜回来的，溜回来是因小学有个秦老师，他就是想和秦老师鬼混。有一天，我赶牛从小学后边过，猛然看到我儿和秦老师光身子躺床上，亲嘴，互相摸下身，便受不了了，便拿锄头进去，一锄头打中秦老师屁股，那里响了一下。我儿傻了，赤身跪地上，说敲死我吧。我便找来教鞭，狠命抽我儿，抽得胸前背后条条紫痕。我说，不知羞的东西，没爹娘教的东西。

何文暹说：第二日秦老师一瘸一拐走了，再没回来，人们只当调走了。我儿神不守舍，我便绑住他，我们家的问，我就说他偷了东西。后来看来要饿死我儿了，我们家的就要自杀，我看看也不行，放了他。后来我听说高坑刘春枝要倒插门，就找了媒人。我记得我儿为这事哭了一日，不过最后还是同意了。我就是想让他正常点，但他矫正不过来，后来竟要炸大桥，这也是我害的，我做得太绝了。

何文暹的话很难听懂，可我却是越听越开朗，身上竟热血翻腾。至此，我才知道，何文暹正是那秘密的瓶盖。我想做个笔录，写好了时间地点，忽又觉得不必。我把笔抛下，说：老伯别伤心了，我给你安排个住的地方吧。

何文暹忙站起来说：不麻烦了，你是好干部，不麻烦了。

我问：那你住在哪里？

何文暹没听懂，只是鞠了一躬，捧着骨灰盒走出去。我跟着出来，已看到他把小盒子用粗绳绑在硕大的板车上。我说：你要走吗？

何文暹说：我从来没跟人说过，我有罪的。

我正思索着要挽留一二，忽而又闻到那口腔里的积垢味道，便管住了自己。门卫送水和面包过来后，我把它们塞给何文暹，想想又加了两百元钱。我说：别难过了。

然后我看着何文暹拖着板车，念念有词地走了，他先念五个字，接着念四个字，接着又念五个字，接着又念四个字。我听不太懂这方言，便不费力猜了。我慢慢看着，看着他像团黑泥消失了，感觉不可知的世界一块块清晰起来。

刘春枝为什么偷人？

因为何大智不过夫妻生活。

何大智为什么打工？

因为想逃避与刘春枝在一起的尴尬。

何大智为什么绝望？

因为何文暹拆散了他和秦老师，虽然何文暹保守秘密，但来自父亲强有力的判决，令何大智自觉是被塞来塞去的物品。

何大智为什么告诉刘春枝要炸人？

他要找这个名义。

吴军声音为什么高尖入耳？

这个自然是。

吴军为什么喜欢演旦角，为什么描口红，画鬓角？

他努力使自己本质如此。

吴军为什么愤恨厂长？

厂长刺伤了他对本质的自我认识，羞辱了他内心最美好的一部分。

吴军为什么和罗汉狂殴？

罗汉们调戏他，说他龅牙妓女，定然是个同性恋，不小心揭示了他。

吴军为什么弄那么多身份证，并隐瞒出生地？

想避开人们对其准确的指认和指责。

吴军为什么写那样的诗？

他对环境绝望，对自己绝望。

吴军为什么要画一个披头散发的女子？

那女子去除长发后，竟然就是吴军。

他们为何结义？

实是拜堂。

他们的不自由各在何处？

何的不自由来自何文暹，何文暹发现吴军何大智的事后，将何大智赶回到刘家，刘春枝构成新的不自由；吴的不自由来自罗汉和街道的敏感，以及自己的敏感。吴军觉得无处可逃。

他们何以选择死亡？

在自由不自由间，只有死亡过渡。当不自由难以忍受，而自由又遥不可及时，死亡取代自由，成为美好想象。

何以又选择自杀性爆炸？

是要用整个世界来摆平他们的委屈，愤怒和可怜。

接下来，我的思维便飘荡在两间旅社，我想我像上帝一样，看到了他们最后的时光。

在友丰旅社杂物房，我先是看到一张孤零零的床，何大智坐那里看星星，他是掉落的一颗；后来又多了一张床，吴军坐那里看星星，也是掉落的一颗。两颗星对视一眼，好像你终归是这个世界的，是陌生的，无话可说。

几天后，一张床躺着血流不止的伤者吴军，另一张床空着。何大智敷药，包扎，喂汤，像女人照顾男人一样照顾男人。何大智眼泪哗哗地说别和罗汉较劲，你就当他们是猪，不要和猪较劲，吴军说没什么的。

又几天后，一张床躺着两人，或者另一张床躺着两人。吴军对何大智耳语，我每次听孟庭苇都起鸡皮疙瘩。她唱，两个人的寒冷靠在一起，就是微温。是否每一位快乐过的红颜，最后都是你，伤心的妹妹。

又一日，一张床只躺着吴军一人，吴军盖着戏服酣睡，地上是擦拭过精液的卫生纸，何文暹推门进来，见到这个，悲怆而恶心。何文暹在店前等到买菜回来的何大智后，什么也没说，提着他就走，人们骚动起来，说这个父亲很愤怒。吴军也推开窗看，看得眼泪流出来，心想再没缘分了。而何大智像那个运城县的知青，在看到县城的琉璃瓦、水泥路越来越远，而中巴车的尾气和乡下油菜花又越来越大时，被溺死的情绪包围。他对何文暹说，信不信我杀了你？何文暹找到司机用的摇杆，递给他，说，你现在敲死我吧。

几天后，吴军在一张床上辗转反侧，何大智忽归来，两人喜极而泣，又哀伤不已。沉默很久后，吴军说：我们去死吧。何大智说，好。吴军说，去长江大桥死吧，毛主席写了诗，风景壮美。何大智说，好。两人依依别过。

又一日，吴军在一张床上发呆，何大智疲惫地进来，将炸药塞入床下。

又一日，两张床都空了，只留下一个揉皱的香烟盒、一双雨鞋、一首诗和两张身份证。

吴军和何大智在凌晨五点漆黑的县城街道手拉手走，又冷又饿，后来，饿得没重量了，便飞。吴军说：用力点，上边就是光明了。何大智就用力扑打翅膀。吴军说：看到阳光了吗？何大智说：看到了，太刺眼了。

两人飞落幸福旅社后，吃好，住好，像王子，像公主，像世界末日。只不过何大智终归要害怕一下，便跑到厕所哭，他哭世界无容人处，无立锥地。而吴军早是无可念之人，他大声呵斥何大智：别哭啦，哭什么哭？何大智便像恐惧的孩子，停止抽泣。

吴军问：听说过有人被车撞死吗？

何大智答：听说过。

吴军问：听说过有人得癌症死了吗？

何大智答：听说过。

吴军问：听说过有人打仗打死了吗？

何大智答：听说过。

吴军问：听说过有人走路被杀死了吗？

何大智答：听说过。

吴军说：人都有一死。不是这样死了，就是那样死了。

吴军问：死了能带走粮食和人民币吗？

何大智答：带不走。

吴军问：活 30 岁是活吗？

何大智答：是活。

吴军问：活 60 岁是活吗？

何大智答：是活。

吴军说：是造孽。

何大智说：嗯。

吴军问：你爹骂你你开心吗？

何大智说：不开心。

吴军问：你老婆趴在你身上你开心吗？

何大智说：不开心。

吴军问：罗汉们轮番取笑你你开心吗？

何大智说：不开心。

吴军问：工厂老板随便开除你，你开心吗？

何大智说：不开心。

吴军问：像老鼠一样躲躲藏藏开心吗？

何大智说：不开心。

吴军问：这些是什么呢？

何大智摇头。

吴军说：这些是活着。你还想活吗？

何大智说：不想活。

吴军说：你是爆破手，知道爆炸后的感受吗？

何大智说：不知道。

吴军说：像打针，像蜜蜂蜇一下，很快，快到感受不到任何痛苦。

何大智说：嗯。

吴军说：不要怕，我陪你死。

何大智说：嗯。

吴军说：别嗯了，看着我，孩子，就这样看着我。跟我说，我爱你。

何大智说：我爱你。

吴军说：大声点。

何大智大声地说：我爱你。

1998年6月14日夜

我这样激烈地想了很久，竟是像一个写完小说、作完曲的人一样，以为自己拥有了一个世界，要急于告诉一个妙人。可是又突然发觉，自己恰恰是这个秘密的信托人。

许久，远天隐隐传来打雷声，我才想到另外一件事。

我打电话给妈妈说不回家了。

我说：妈，你给我叫次魂吧。

妈妈说：你这孩子怎么了？

我说：你就叫吧，我想听。

妈妈好似有些害羞，说：老二回来啊。

妈妈又自答：回来了唉。

我数了下，第一句是五个字，第二句是四个字。心下忽然翻江倒海，挂了电话，关上办公室，就去开车了。

我把车往大桥开时，时速是 80 码，跑了一刻钟。忽而想，这样跑上高速，跑上省道，跑到山路，跑到河里，竟是要一个日夜。如是人走，七百里几可算是长征了。我跑得心急了，又想人家太老，走不了这么快，便打慢速度，一边走一边看。看了一会儿，就要用雨刮了，却是像一头扎入雾海，什么也看不清楚了。

这样鬼迷心窍地走走停停，又兜转过来寻，却是寻不着了。我就想，何文暹一定拖着板车去哪个隐蔽地躲着了。心下便叹息起来。我想自己是送不成了。明天一早，太阳出来，何文暹就会抖擞精神，念念有词，拖着孤零零的骨灰盒往故乡走。

我让警灯无声地亮着，拉开车门，坐在那里慢慢抽烟，好似看到爸爸在几里外的雨天骑着自行车往家赶。雨淅淅沥沥地下了一阵后，便斜着浇灌起来，夜路上有了庞大的水花，起了浓厚的水雾，人的眼皮便睁不开。我看到爸爸肩膀左一晃，右一晃，勉强骑到了一个转弯处，他想雨太他妈大了，路太他妈遥远了，怎么骑也骑不动，然后又大概听到了一种好听的声音，便仔细听起来，等他听明白了时，那轮胎在水面上劈波斩浪的声音已经奔到眼前，他头也没抬，便被撞飞起来，好似地球是老天，老天是地球，这样转了许久，眩晕了许久，终才像一袋面粉，无声地扑落于路旁的草丛，接着圆轱辘变成方轱辘的自行车又咔的一声撞到树上，把我爸爸吓坏了。

我爸爸匆忙看看自己，整个人好好的，就是里边像拆散了一样。

那天我在家忍着瞌睡做作业，想不做又害怕，暗自偷了几个懒，将就做完了，便马上钻床上去睡了，而妈妈则把暖好的菜愤怒地倒回锅里，嘴角狠毒地骂爸爸，说范老子你有种，半小时不回，一个小时也不回，一小时不回，两个小时也不回。后来又有些担心，可是拉开窗户，雨便飘洒进来，浇了一身。妈妈便宽慰自己，男人也要打打牌的，也要应酬的，家里没电话，带个信回来也好，不带是太看不起女人了。看不起就看不起。

妈妈便也把自己哄睡着了。

第二天一早，妈妈醒来，一直眼皮狂跳，看范老子还没回，很有些预感，便急急出门，刚一出去，便声嘶力竭地喊起来，那声音就好似要把天空生生撕开一般。我还在床上就心脏狂跳，踉踉跄跄赶出来后，看到我爸爸身体蜡白，衣服滴水，像个皱巴巴的东西，趴在门口一动不动。我知道他辛辛苦苦爬回来，是要看我作业做好了没有，没有做好就揍我。

后来我就自由了。

1998 年 6 月 23 日

我的教导员瘾还没过足，便接到通知，去龟寿山一个会议中心参加警衔晋升培训班。起初几天，都是大老爷们在一起，没甚意思，我便独自散步，走上山顶，便看到江岸区的度假旅社区了。我想幸福旅社就在其中，何大智推开窗户，又回头叫吴军：你看，那里有个人。

吴军看了几次，看明白了，说：世界好大，那么远的人都能看到。

最后一天，中心忽然拥来一批要到银行上岗的女青年，个个脆嫩欲滴，看的我是眼花缭乱，就想在这里培训到老。是夜，我们办毕业舞会，这些妹妹果然满身飘香地赶来，我从一旁走过去，禁不住就要开开屏。机会直到好晚才出现，主持人说年轻有为的范教导员可是再世陈百强，我便搓着皮鞋，扭捏着上台了，正低头吹麦克风，忽见对面的门开了，一个脸打白霜、身穿红呢裙的女鬼飘进来。我立刻僵住，想管住脸上的炭火，却是管不住。

我想这些人通通消失了就好，可是他们却齐齐整整地拍巴掌，用期待领袖的眼神焦渴地期待着我。我便不知如何自处，后来有人走过来，拿走麦克风，又拍拍我的肩膀，结果把我喉咙里的一句话忽然拍出。我说：我从来没有像现在这样不幸过。

我闭上眼也能看见他们惊呆了，在我大踏步走向门口后，那背部也一定像磁铁，将那些惊呆的目光吸过来。然后，女鬼也跟着走出去了，大家都明白了。

出门后，我先是听到皮鞋声在楼梯间噔噔作响，接着便听到红色高跟鞋在后头紧紧跟着，心下竟是悚然。转到二楼，我抽钥匙打开门，想关上门，却见那张惨白的脸畏缩地卡在那里，我便弃门坐到床上。

她进来后，磨蹭很久，才鼓起勇气，授权自己坐在椅上。

我说：孟媛媛，有话请讲。

媛媛摇摇头。

我说：那好，我说。我告诉你，分手后我天天在等你打电话。

媛媛说：我打了，打不通。

我说：你不会打我家啊？

媛媛说：我怕。

我说：我左等右等等不来，就发恶誓，说再不理你了，你求我，我也不理了。

媛媛说：对不起。

我说：你回去吧。

媛媛坐着不肯动，好似椅子是最后的阵地。

我看了眼手表，说：你睡床吧，我找别人睡。

我都起身走到门口了，媛媛忽然走来，巴住我胳膊，说：是不是一点机会都没有了？

我没说话，媛媛的眼泪却流了我一手。

我说：你睡吧，我看着你睡。

媛媛说：我不睡。

我说：让你睡，你就睡。

媛媛说：你说句话吧，说了我睡。

我说：说什么？

媛媛说：孩子，我原谅你。

我说：孩子，我原谅你。

媛媛凄惶地笑了一下，说：你说了我就高兴些，就满足了。

我心间隐隐碎了，便避开她去洗澡了。总算洗完出来，忽见媛媛赤身躺在床上，嘴间又添了浓烈的口红，像个小丑，可眼泪还是晃荡在眼窝。

我说：你平日也不化妆，干吗现在化这么难看？

媛媛说：书上说，化妆是对人尊重。

我说：你尊重别人去吧。

媛媛说：我只想尊重你。

我好似要说点什么，却是压住不说，只是掀上被子盖她。媛媛眼泪忽又淌出来，竟是将刚化好的妆冲花了。媛媛说：你是不是嫌弃我了？

我没说话。

媛媛便紧紧抓着被子，慢慢哆嗦起来，许久又说：我知道是要被你嫌弃死的，你让我在这里住一夜吧。

我说：你住吧。

媛媛却是又哭起来，好似眼睛是个水袋，一挤就挤出很大一摊来。我没话说了，一个人走到窗前，拉开窗户对着江景发呆。许久了，竟又觉得被抱住了，挣脱不开。媛媛说：对不起。我伤害你了。

我说：你没伤害我。

媛媛说：我伤害了。

媛媛又说：我妈妈嫁人了，搬人家家去住了，这边的房子也要卖掉。

我说：爱卖卖去。

刚一说完，便酸楚起来，猛想到女人一生所需，仅只一房，房子还在装修时，她就过来规划了，这里摆个书柜，那里摆个妆台，这里粉刷成黄色，那里配个孩子睡的摇椅，南柯一梦，如今是无家可归，各自孤零了。

此时媛媛松下手来，伤心地去穿衣服。

我便滚下泪来，好似终于是肉身撕裂了，一时想自己也有太多不是，自己何德何能，竟至让人如此讨好？

我便大声吼道：你干什么？

媛媛说：我走。

我说：天这么黑，没车了，你走哪里去？

后来的一天

光阴似箭，我却是不敢和妈妈提及复合之事。忽而一日，趁着高兴，便说了，妈妈筷子掉地上了，整个人傻坐着，许久才知去抹眼泪。妈妈说：你和范老子一样心软。

妈妈说：我日后命苦了。

我劝了好几番，竟是劝不返，便想着去给她做顿饭。去到菜场，阳光明媚，忽见那公厕周围多了很多小摊小贩，还有老头下棋，小学生做作业，竟是热闹非凡，细一看，瓷砖墙上又多了片红纸，上书“有史以来”，心下便乐了，心想再不去，对不起这人的想象力。

我拉完出来，那正在捧书苦读的男子正好抬头，我大叫：周三可。

周三可起立，虔诚递来中华，又递来一张名片，又掏出 Zippo 点火。

我说：不错啊，是经理了。你看什么书呢？

周三可说：《MBA 工商管理》。

我心下奇了，说：传说你不是自杀了吗？

周三可说：哎呀，老弟，说起来都因为你。你看这里，疤子好长一条。送死那天，是一日四衰。我先给记者报料，说淹了车，结果记者来了后反而骂我，你为什么不打 110、120？你没见淹死人吗？我哪知人没救出来，通讯员的资格就这样生生被取消了。接着，我走路又看到好多人抽奖，说是奖票越来越少，轿车还没领走，便去银行取钱来买，买了两千多，歇手抽烟，结果别人交两块，把轿车摸走了。我这个叹，就去兑足彩，谁知卖彩的说，不用来了，不开了。我想也是，赌博这东西国家能让它久办吗？心便碎了，还说把 500 万均分给老婆、父母、孩子，分个鬼。后来才知道，不是不开，是意大利一个修女还是教皇死了，意甲停赛，奖开不出来了，你说气人不？走投无路了，我就想还有 65400 块在你手，就打电话，谁知你劈头来句，没用，身份证没用。我就忽然被泼下一盆凉水，湿漉漉的，清醒得不得了，回去后就找刀割自己，还好我懒，平日不磨刀，刀钝了，割了几分钟，便把自己割活了。

我说：活下来就好。

周三可说：可不是，刚从医院回来，就听说你们班师，跑去问，竟问到奖金，我便喜煞。手里全部是现金，拿起来又和砖头没区别，我就叫自己冷静，冷静，再冷静，可是不能再吃不能再喝，可是要搞百年大计了，这样就投资厕所来了。

我说：生意好做吗？

周三可说：不好做，你想，来买菜的都是中年妇女，一分钱都要还上半个小时，上厕所付费，超出她们理解范围了。她们都说，周疯子，你不给我钱就算好了。

我说：那你还承包？

周三可说：头几天，我也慌，装镜子，烧檀香，请保洁工三班打扫，搞得和宾馆一样，结果成本上去，客反而被这阵势吓住了。那时我见人就想拦下，爹爹啊，尿一泡吧，爹爹啊，很便宜的，可是人家怎么会理你？人家思维早就定性了，人家这是肥料。后来我算是开窍了，拉尿收费是抢劫，人们不干，但如果取之于民用之于民，就有人来了。我想我买了那么多彩票，我就不信别人不买，这样便也摆了个红纸箱，搞抽奖。

我一看，那纸箱上果然写了四个烫金大字：诚信抽奖。

周三可说：此后人们的膀胱果然憋不住了，就过来摸电饭煲、自行车，摸着摸着就以为是自己的了，就爽快地交一块钱，进去拉。拉完一摸，空白，也不恼火，不就一块钱吗？

周三可又说：你还没见过盛况呢，有天下午，奖票越摸越少，奖品还没出现，大家竟然排队过来拉，前边找钱慢了点，后边就吵，说是断子绝孙。拉完呢？就一边系裤带一边出来摸，有的摸过了，没摸到，想想又去拉一次。我说，不能拉就别拉了。你道人家说什么？人家说，你管得着吗？我当然管不着，可还是要本着对人民群众负责的态度，说说的。不过说也无用，后来有个人听说有个日本产的高压锅没摸走，竟然骑车骑八里，专门跑过来了。

我说：怎么摸奖还有诚信摸奖啊？

周三可小声说：你看看旁边的，卖十元三样的、卖外贸衣服的好几家呢。我这边生意好起来，客源多起来，他们就眼红着跟过来，我是开阔之人，我发财你也发财，我的客源带动你，你的客源也就会带动我，这叫共赢。可是他们坏，后来也搞摸奖了，这就不道德了，这就是明摆着进攻我的主业务，我就打电话给城管，城管的车还没到，他们就卷起铺盖灰溜溜跑了。我打诚信牌也就是想向顾客透露这个意思，我这里抽奖是正规的，你看，这么大一厕所，这么豪华一厕所，跑得了和尚跑不了庙，可是他们呢？四处打游击战，你能对他抱半点信心吗？结果后来，他们的奖便摸不出去，做生意基本靠喊了。

我说：你岂不是发大财了？

周三可说：尚可尚可。以前一天接两百不到，往环卫所交份钱都不够，现在一天能接一千多。做人啊，关键是要活下来，活下来，财源滚滚来。

选自《鸟，看见我了》(2011 年)

隐　士

在回到家前，我挤在一辆破旧的中巴车里，被迫侧身看着一个脸色蜡黄的农民，他的目光则落在车壁的癫痫广告上，我们都很无聊，都把这当成必须忍受的生活的一部分，只有售票员眼里不时露出老鼠那样的惊喜来。她又一次将头伸出窗外喊“快点快点别让交警看到”时，群情激愤，可是车门一拉开，大家却住了嘴，因为缓缓上来的是个难得的美人。

美人看了眼便退下去，售票员忙捉住说：“有啊，有座位。”

“哪儿呢？”美人用着普通话说，售票员便把脸色蜡黄的农民轰到一边。美人拿餐巾纸擦了擦坐上去，这使我愉悦不少，因为我虽还是侧着身子，却能独享她长长的睫毛、高挺的鼻子、清亮的眼波以及埋藏在脖颈之下的绿色静脉。她坐在那里，有有无无地看着前方，似乎有些忧伤，后来当我看见一枚袋子，我也忧伤起来，袋子上写着 Meters/bonwe，袋口伸出一棵粗长的葱，正是这棵家居的葱出卖了她，使她与《孔雀》里委屈的姐姐以及傍晚还要喂猪食的公主无异，毕竟是在这小县城啊。

这时她要是哀望我一眼，我想必要被那叫“美与怜悯”的东西击中了，可是这时是售票员过来收钱。售票员是作为陪衬人出现的，有着飞扬的眉毛、扁塌的鼻子、可怖的皱纹以及男人一样的一层浅

胡须。她看着美人拿出20元，拿指尖舔舌尖点出13元零钱欲找给对方，又出于职业上的稳妥，她先将20元举起来看，然后说："换一张吧。"

"这是你们卖票的找给我的。"美人大声说。一车人忙看过来，先看美人，又看售票员，售票员亲热地说："妹啊，我告诉你，碰到这种情况你当时就应该找她们，她们这种人我还不知道？"接着她将头偏向大家，"现在就是10元也有假的，可要当心。"

美人咕哝着翻出钱包，挑出一张5元，两张1元，总计7元，丢给售票员，然后像此前一样忧伤地看着前方。我愣了一会儿，想自己终于是回到县城了。接下来，是我作为外地的一件大衣、一条裤子、一双皮鞋或者一只皮包下车，火眼金睛的人们以此评断出我的实际价值。有一年，我是作为一个外地女子挽着的男人回来，我知道自己并不爱她，但在落地的那刻，我对她柔情万丈，我羞涩地出卖她的身份：大城市的，研究生，比我小六七岁。但是这样的好事今年没摊上，今年让人拿不出手，因此我得一下车就钻进家里，闭门不出，否则人们就要盘问我买房、买车、发财了没有，就要扶着肩膀教育我，老弟啊，三十好几了。

我就这么闭门不出，倒是我的父母觉得少了人情，要我出门，我便潦草地到街上走走，好似是为了完成一项任务。好似春节回家也是为了完成一项任务，一回来，任务就完成了，因此我早早买好返程票，坐等离别。这样熬到正月初三，我做了白日梦，梦里有个面目不清的同学使劲打电话，打通了说，你要得啊回来都不见我们，你真不见也可以我拿刀杀了你，我窝囊地去见，却发现路越走越荒，天越走越黑，我给走没了。醒来后没几分钟，家里电话真响了，我走过去，想我得告诉对方我父亲不在，我母亲不在，或者我弟弟不在，因此我问："你找谁啊？"

“我找你。”来者的声音清晰而坚决。

“你是?”

话筒传来遗憾的叹息，接着他天真地说：“你猜，你猜。”我当即说：“不知道。”那头便传来全然的失望，像是挨了一鞭子，他哀丧地说：“我啊，吉祥。”

“哪个吉祥?”

“范吉祥。”

这样我就想起他应该是高中隔壁班再过去一个隔壁班，是一届的，能想起还是因他有桩考上本科却不读的事。我想纵使是路上遇见也顶多点个头，如今怎么这般寻来?他说：“我有好多心事等着要和你说，我从夏天开始就打听你什么时候回来了。”

“非得和我说吗?”

“非得和你说。”

“可我明晚得走啊。”

“你今天总不走，你今天来。”

我把电话挂掉时，就怪自己软弱，怎么就不能违逆人家呢?从楼上下来，走在街上，进了公交车，我还在想自己冤枉，我连范吉祥长什么样都不记得了，凭什么跟着公交车走完水泥路走柏油路，走完柏油路又走黄土路?可我就是这么走去了。公交车开到黄土路终点时，司机轻描淡写地说：“你沿田埂一直往前走，穿过河流，上到山顶，就能看见了。”我却是把天色走得黑了，才走到山顶，那里果有间两层青砖小屋，屋东侧远坡则种了红薯，扎着密密的竹篱笆(大概是用来防野猪吧)。我走近屋，发现屋门半掩，屋内阴黑，没有人气，我想这样好，我来到，我看见，可以问心无愧地走了。可就在我鬼鬼祟祟地要走时，门吱呀大开，一个梳中分头，穿陈旧睡衣的男人法眼如炬地看着我。我刚迟疑着抬起手，他已张开双臂走

来，将我抱住，又拍打我的背部，像溺水的人密集而有力地拍击水面。接着他拿脸蹭了我左脸一下，又蹭右脸一下，浓情地耳语："兄弟啊。"

进屋后，他拉亮昏黄的灯，给我泡茶，请我坐塌陷的沙发，又解释要去厨房忙一下，他女人梅梅不在，我便不安地坐在那里，四下看。墙壁那里没有糊水泥或石灰，一块块砖挤得像肠子，到中堂处才有些气象。中堂挂了副对联，是：

三星在堂
福如东海长流水
寿比南山不老松

中堂也挂了幅画，是《蒙娜丽莎》。我不觉得是我在看，而应该是她在看，她就这么无所不在、阴沉沉地看着，往下则是张长条桌，摆着一副盛满干皱苹果的果盘、一台双喇叭老式录音机和一张嵌着黑白照片的镜框。我想这就是命吧，范吉祥考上没读，拥有这些，我考不上走关系上了专科，也能穿州过府。

出来时范吉祥端了火盆，又扯条凳子坐下，他摸着我的羽绒服说："还有下就吃了，今夜就在这歇吧。"

"我明天要坐火车，怕是来不及。"

"明天几点？"

"晚上十一点。"我净吃不会说假话的亏，我要说早上八点，兴许吃过饭范吉祥就打电筒送我下山了，可现在他连嗤几声。

"可是行李还没收拾啊。"

"也不收拾一天，你就在这好好歇一夜。"范吉祥摸着摸着，又说，"又软又保暖，怕是个牌子，值四五百吧？"接着他扯自家睡衣里油黑发亮的鸡心领毛衣，“你们出门就富贵了，我是真没用。”而后他又解睡衣，捞毛衣和衬衣，露出腰部一道蜈蚣似的疤痕：“割了一个肾呢，做不得。要是做得就出门找梅梅去了。”

“怎么割了肾？”

“坏了不就割了，割一个还有一个，死不了。”

“梅梅是同学的那个刘梅梅吗？”

“是啊。兄弟，我不就是要和你说这个吗？乡下人不懂得爱情，说出来好像丑人，你一定懂，我们这么多同学就你在大城市。”

“我哪里懂。”

“你不懂别人更不懂了。”

然后他说：“梅梅和我本来井水不犯河水，她坐第一排，我坐最后一排，她不喜欢我，我也不喜欢她，高中一毕业就不会有联系的，但是你知道上帝总会在人一生中出现一次，给予他启示。我当时在走路，猛然听到四个字——抬起头来——便抬起头来，结果看到梅梅将手肘搁在二楼栏杆上，扑在那里朝远处望。我想她在扑着，望着，就这样啊，可偏偏这时广播里飘下一首歌，她又朝下一望，我便一下看到她的眼泪和整个人生的秘密。我的头皮忽而生出一股电，人不停打战，像是要瘫倒了，接着，脸像是被什么狠狠冲过，一摸，竟全是泪水，我想这就是召唤，便像另外一个人走上楼，对着她的背影说：我是特为来护佑你的。

“她没有反应。我又抱紧她说，上帝造人时，人有两个脑袋，四手四腿，上帝嫌其累赘，遂将其一分为二，因此我们唯一的因果就是去寻那另一半。我现在找到了，你比我的父亲还亲，比我的母亲还亲，你就是我在世间唯一的亲人，我孤苦的儿。可她只是竭力挣脱，挣开了恶狠狠地看我一眼，走了。我站在那里想自己是不是中蛊了，可当她从空荡荡的教室走出来，我的心便又像是被剃刀快捷

地划过一刀，我确证了。兄弟啊，你现在看人都只看到生理意义上的五官，眼是眼，鼻是鼻，我看梅梅却不是，我看到她眉心间涌动着哀怨的瀑流。”

范吉祥取来镜框，指点着说：“你看是不是？这眉心，眼波和致命的哀怨。”我接过就着光线看，看到小圆脸、大眼睛、高鼻子、薄嘴唇和一颗颗乳白色的颗粒，说：“看不清楚。”

“是用一寸毕业照放大的，当然看不清楚，但是气质在，可惜就是梅梅也发现不了这种气质。你瞧她后来用什么话来拒我，她说你我只是同学，平平淡淡才是真，既然从没得到又何言失去。我受不得了便写诀别信，便躺在床上割脉，血滴在地上就像音符强壮地滴在地上，我痛快地说，打发我吧！打发我吧！你打发我吧！可是她终未出现，那些血又悲哀地从地上飞回进创口和血管，我又可耻地健康起来——我只能像无赖一样去找她，对她说，你就是我的！非是我的！结果她大哭着喊，求求你不要再折磨我，我想死了你知道不知道！我无比恐惧地站在那里，摊开手觉得摊开手不对，收起来又觉得收起来不对，一下明白了世间所有的道理——我喜欢她，而她不喜欢我，就是这么简单。我说：你判决得对，是我骚扰了你，打搅了你，伤害了你，但从今你记得，以后就是你找我我也不要了，我要我是你生的，是狗生的，是希特勒生的。

“我萎靡下去，瘦弱下去，避开这个人，孤魂野鬼一般游荡。可我总还是看见了，我一看见，委屈的泪花就翻涌上来，就跑走拿烟头烫手臂。等到肉化脓了我才想到，原来唯一的复仇是考上大学，是衣锦还乡时在她心酸的目光前走过，这样我才算将摇晃的自己稳定下来。我本来只有三十来名，一个月一个月地爬，竟然爬进全班前三，老师说你要早有这股劲考清华北大没问题，可他怎么知道我是在躲避苦难，就像我后来没日没夜在山上砍树，谁知是在躲避苦难呢……也许是老师连番的表扬使梅梅重新认识到我，也许是因为女性固有的歉疚，有一天梅梅偷偷留了张纸条，写着：If you can do, show me your all. 我一下错乱了，好似马匹快要冲入敌阵却急停住，我不知是什么意思，最后只能用烟头再烫自己，我把自己烫得嗞嗞叫，才又心硬如铁了。然后是高考结束了，每个学生都像分娩好的产妇空虚而恐惧，就是梅梅也把持不住，遇见了我也主动笑，她惨淡地笑着，问有没有看见纸条。我低头不说话，她又问，我看看她，她的眼是心无芥蒂的，便说，我不知你是要羞辱我还是要鼓励我。

“孩子。她说，然后将手压在我的颅顶，那手像是有魔力，将怨恨一层层驱散走，最后使心间涌满原谅。当她说别哭时，这原谅又变成要命的委屈，我说我是你的孩子是你的孩子就是你的孩子，我像条狗被轻易收服了。但是伴着这巨大幸福的正是巨大恐惧，我总觉得这是个不可知的女人，今日与之拥抱，明日说不定就要被命令离开了——因此最初几日我并不主动，我由着她安排，她说你看我吧，我就贪婪地看着她清亮的眼波和埋藏在脖颈之下的绿色静脉，她不说我就失神坐着。直到有天，她说你有心事，我说没有，她说有，我看出敌意了。我说没有，她又冰冷地说，有就是有。许久了我说，我不信你。我看见她眼里仅有的一丝期待熄灭了，她站起来走上山坡，我以为她就要从此离去，她却坐下来脱掉衣服，又躺下去偏过头，将自己摊开在那里。我带着强烈的自责走过去，在这悲壮的躯体面前畏葸不前，直到她将我拉下去，我一贴上这陌生的躯体，就像小偷一样涌满了罪孽感，我这是供奉圣母却要将她操掉啊——这时又是她揽我的腰，将我带进身体内，我一下进入到巨大的信任中，狂喊着对不起，她却是哭了。

“她说你知道我为什么喜欢你吗？

“她说我哥十几岁就死了。她说得这么哀楚，过几天却又调皮起

来，她说你真的爱我吗？我说嗯。她说好吧你把山烧了。我拿着火机不假思索去点芭茅，叶子烧着又灭了，我就去搜集松针，搜到一团我把它烧成火把，又把火把置于芭茅下，等有了点气象我就用嘴吹用衣服扇，终于将它们噼噼啪啪地弄大了。不一会，巨大的火苗像是跳远一样跳到老远，我看见她在着急地哭，我说孩子快跑，拉着她的小手像一个骑士跑了，跑到山下，我抱紧她说我爱你，她却说你怎么真烧啊怎么真烧。兄弟啊，命，我现在住这里就是防火。"

此时，他嗅了嗅，猛而起身跳到厨房里去了，不一会儿端着飘香的钵又出来了，接着又往外端了几样盘菜、几样腌菜，又朝餐桌码了三双筷子、三副调羹、三只碗、三只碟、三只酒杯。我看看被刮得哒哒响的窗户，想外边漆黑一团，便问："还有人来吗？"

"梅梅啊，快回了。"

"这么晚还回来？"

"没坏人，整座山只住我们两人。"

吃喝了一阵，范吉祥说："刚才说到哪里了？"

"说到烧山。"

"对。那时觉得烧山没什么了不起，烧了世界也可以，可是等成绩一出来就知渺小了。我娘问考上了吗，我说考上了，她便哭，她有病不能治，而我父亲一死那些亲戚的钱也不好借了。梅梅也哭，梅梅家比我家还穷，她父亲当年本可回上海，偏偏娶了一个农业户口，结果把一点工资全喝掉了，有时喝多了就光着身子在家走来走去，把娘俩都走哭了。梅梅家在矿上只住着一间窝棚，窗户塞着牛皮纸壳，屋顶盖着柏油毡子，屋旁堆着大小木柴——就是我们家也烧煤了，他们还在烧柴啊。那时老师不知我们谈恋爱，他说你们出息了就快成对夫妻吧，你们太可怜了。九月将近时，我们学费筹得很少，只知到山上哭，有次哭得不行，梅梅忽然抱紧我，松开了又抱紧一次，然后走到悬崖上背对着我说，我先死，然后你死。我听不懂，等看见一块松动的石头明明掉下去却没有任何声响时才醒过来，我跳过去死死捞住她。我说，梅梅，你的腿抖得跟锡纸一样。梅梅不说话，一个人下山，怎么讨好也讨好不了。

“梅梅后来说抓阄，你抓到了你回来娶我，我抓到了我回来嫁你。我说你去吧我不上了。梅梅说不，这不公平。我便悲哀地看着她弄好两颗纸团放在碗里晃，我说你先抓，她说纸条是我做的，你先。我抓了，她又捉住我的手凶狠地说，愿赌服输。我看到寒气便当真了，剥纸团时心脏还跳得厉害，然后我看到了想要的结果，便故意在这唯一的观众面前笑。我笑得她眼里落满灰烬，人也驼了，便说再来再来，三局两胜。她说不必了，但我还是做了两颗纸团，握着她的手去摸，她犹豫了一会还是选了一颗，貌似镇定地拆开，又像断气一般嘶了一声。我见她没意思了，便自己又做了两颗，自己摸着玩，拆开一看还是那三个字——上大学——便索然无味了。”

“我听说你没去读。”

“是啊，我烧了录取通知书。梅梅拿着两家的钱去安徽读金融专科学校了，梅梅说，吉祥，你一定要等我。我说，不用，你以后是城市人了，不要回来。梅梅说，不，我偏要你等着，你就站在原地不动，等着我。我没说什么，因为我已知命运的残酷了，命运的火车像身体内的脊椎，要开走了，我什么也把握不了，控制不了。”

很久了范吉祥没说话，再抬头时嘴已裂开，像地下冒出交响乐，他慢慢哭开了：“火车开走了，我要回去见我的娘，我要跟她说我把你的钱糟蹋了，我娘要去见亲戚，要跟他们说我把你们的钱都糟蹋了。”然后他拿头磕桌子，我伸手迎，把我的手也磕疼了。

接着他说：“她走了便只有我联系她，没有她联系我了，她越这样我越联系得频繁，我急迫地想证明她还爱着我，可她总是敷衍。

我只能跟自己说，梅梅要是骗你，怎么把处女之身给你？怎么说跳崖就跳崖？怎么不去找个有钱的同学好？凭什么找你？再说她也没有不同意你去上大学啊，是你非让她的，她又没有求你。可很快我又想，要是她还爱的话，怎么就不和我好好说话呢？说个话很难吗？我便想到城市里男人穿得花花绿绿，身上喷着香水，天天绕着梅梅转，如此便是再忠贞的人也塌陷了。然后是我的肾做活做出事了，到医院才知是严重肾积水，我借钱把它割了，割完了我哀伤地打电话：我的肾切了一个。她说，哦。我说我真想死了，她却是不接话，我便咆哮，我是个傻子！是个傻子！那几天我是在找地方去死，可就是咽不下一口气，我拉着每个路人说，刘梅梅是个狐狸精、白眼狼、毒蝎子。

“刘梅梅你别生气，我就是这么骂你的。”

这时昏灯下只有我俩对坐，平静而恐怖，接着更可怕的事来了，范吉祥对着空碗碟猛吼起来：“看什么呢刘梅梅，看什么呢，我就说你呢，你喝老子的血，吃老子的肉，你不是还想吃吗，来呀，吃，吃死你！”言毕他将钵里的牛肉萝卜一股脑倒在那碗碟上，我将手小心搭过去，说：“别这样，吉祥，别这样。”他掸开了，又踢那空凳，砸那空杯子、空筷子、空调羹。我颤巍巍起了身，向门边退，待拉动门闩时，范吉祥说：“你干什么？”

“喝多了，想呕。”

“冷死你。”他走过来将我拖进厨房，让我蹲在柴灰面前，用手拍我后背，我将食指探到喉口，却是吐不出来，然后我又被推回到酒桌。我的背部又冷又湿，后边像站了许多蹑手蹑脚、张牙舞爪的鬼，我便装作困了趴在桌上，而范吉祥又平缓地往下讲：

“后来我上了那间悬崖，一个人站在那里，看到蓝色天穹、古铜山脉和从遥远世界飞来的风，也像一张锡纸抖起来。然后我的腿脚也被人死命捞住，我尿好了一裤子才回头看，是我娘，她无声地将我带回家，扶我上床，给我盖被子，等我醒来时给我喂粥水，我不吃她就说她从此也不吃了，她说我养你长大不是指望你当官发财，是指望等我死了你埋我。我这样才像把所有的东西都哭出来了。然后我循着母亲意愿来看山，算是有个班上了，我在这里把时间一天天、一月月、一年年地度，度到一个点后我知道梅梅嫁了，永远不是我的了，我也别脱，就在这里等娘死，然后等自己死。可是整整十六年后，梅梅却像村姑一样背着包裹上山了，我当时背对大门吃饭，感觉背后有人，又不相信，然后便被那只彻骨的手摸住了，我往上看，看到了化成灰都认识的眉宇。

“梅梅平静地说：吉祥，我回来了。

“我平静地说：好。

“梅梅回来后一直沉默着，我出去种菜时她跟着去，起初不会施肥锄地，慢慢也就会了，后来她还照着书打毛线，打得又密又好，剩余的时间就是呆呆看我，好像看不够。我想问她十六年都干什么去了，可她不说，她也不来问我怎么过的，我唯一知道的是她肚皮上有妊娠纹，她替别人生孩子了——可这又有什么关系呢？她回来时我就明白了，那个叫青春的东西早就没了，剩余给我们的就是像很老很老的老人一样生活——我们之所以拥有一段残暴，不就是为了这最终的慈悲？梅梅你说是吧？梅梅来，咱们敬老同学一杯。”

我撞过范吉祥的酒杯，一饮而尽，又看他吃了两口菜，才说：“我真得走了。”

“不是说好歇吗？”

“不是，是好多东西还要到乡下买，怕来不及。”

“买什么？”

“山药。”

“咳。”他扯着我到厨房，揭开筐盖，亮出两筐上好的山药，“你要多少我送多少，明早一早给你担下去。”我好像被算死了，哑口无言，许久才知道说困，范吉祥便取来电筒，搬来梯子，梯子顶翻一块楼板后，架在那里。我小心翼翼爬了会，回头看，看到他鼓励的眼神，“爬，爬。”我便爬进去了，然后我听到梯子撤走了，范吉祥在下边说：“床在最里边。”

合上楼板，我打着电筒四处照，果然照到一张花式旧床，我想它是怎么运上山的，又是怎么运上楼的？接着我照到一个权当窗户的小洞口（是块砖被卸下了），想自己是跳不下去了，便将电筒亮着，躺床上慢慢等焦灼的情绪褪却。不久电光一层一层暗了，我便将被窝拉到头上，捂住自己，孤苦地睡，睡过去一会儿，忽而有了尿意。我起得床，悲哀地漆黑中走了一圈，才抽出那东西对着墙壁小心撒了，我想一夜过去它应该干的。

撒完尿我打了一个激灵，耳朵一下聪敏，便听到鸟儿疲乏的叫、虫子漫山遍野的低语和从楼下忽然翻起的女人呻吟。我吞了口水，趴在楼板上，将耳朵贴上去，如是又听见浪叫声中男人的沉默——男人像一个作家沉默地参观自己的作品，沉默地参观自己的性爱，他在沉默中调整幅度，计算次数，评估对方的反应，然后给自己打分，只有到了高潮他才不得不抓紧叫几声，然后悲哀地倒于舞台。

清晨时范吉祥的脑袋冒上来，他说：“昨晚和梅梅那个，吵着你了。”我笑着向洞口走去，他像惶恐的老亲戚急忙下退，待我把脚伸在梯上，他已在下边紧紧扶住。下来后，他一边给我掸着干草一边说：“梅梅走了，早饭没弄，我们下山去，我请你吃。”

“不麻烦了。”

“可我总要把两筐山药担下去啊。”

“别啊，我只要一点点就可以了。”

“客气什么，你带不到北京，留给家里吃也好。”

“真不能，我找个塑料袋盛一袋就够了。”

“好吧，那真是不好意思，我送你下山。”

“我一个大活人送什么送。”

“送吧。”

“别送了，咱们兄弟讲这个礼干吗？”

“好吧，可是明年回来记得来找我啊。”

而后我们一同出门，到了岔路范吉祥说你往东走，东边近很多，他自己却是背着帆布包朝西去了，说是要去林业站开会，我看着他小心跳过沟壑，心想没什么不正常。不久，我走到了红薯地，看见那片竹篱笆其实不是竹篱笆，其实是诸葛阵。那里横横竖竖斜插了七八行干黄竹子，组成一条条来回交错、通往未知的道路，阵前有个庄重的木牌，牌上画了庄重的黑尖头，意思是“请进”，我便拔腿进了。可是直到一个小时后我才走出来，我焦灼不堪，拆散了联结竹子与竹子的铁丝和布条，又将这些竹子根根拔出，才沿着理论上的直线走出来了。出来时我望见一袋山药还在里边，却没去取，走掉了。随后我把太阳走得越来越大，马路走得越来越宽，大城市走得越来越近，在我身后是漫山遍野的歌声，是一个台湾男人飞沙走石的歌声。

选自《鸟，看见我了》（2011 年）

小　人

假如我们是一只很大的鸟儿，当我们盘旋在 1998 年 4 月 20 日的雎鸠镇上空，就能看到这样一些事情：副县长李耀军意外擢升为县委常委、政法委书记；实验中学老师陈明義跪在百货大楼门口磕头；良家妇女李喜兰的老公又去北京治疗不孕不育了；一支外县施工队在公园外的水泥路上挖出一道巨大的坑；而林业招待所的会计冯伯韬正追着信用联社经警何老二要去下棋。我们将这些信息分拣、归类，就会抹去最后也是最不重要的一件。

这几乎是一个永恒不变的场景：冯伯韬躬着身子扯住何老二的制服下摆，而何老二背着双手走在前头，遇见熟人了何老二就向后努努嘴，意思是“你看看，你看看”。雎鸠镇的人们早已熟知两人的这种关系，这种关系就像月亮必须围着地球转，地球必须围着太阳转，可是这天他们的眼睛睁大了，心脏狂跳起来。他们觉得冯伯韬是拿着一把刀子押何老二进地府，他们看到冯伯韬刀子一样的目光。他们不能拦下何老二说你要死呢（就像不能拦下公路上的卡车说你要发生车祸呢），这不可思议。

人们带着隐秘的骚动走开了，冯何二人走到湖边，一个将肥硕的身躯细致地安顿于一方石凳，一个将塑料袋里的棋子倒在石棋盘上，分红黑细细码好。何老二应该好好端详了冯伯韬一眼，可惜他看到的只是温顺。何老二说你先，冯伯韬便像得令的狗急急把炮敲到中路。历史上他曾无数次起用这个开局，也曾无数次否决这个开局，他总是信心百倍又惴惴不安，今天他的手缩回来时有些悲壮，他想这是最后一次了，轰你妈的。他看到何老二果然把马轻轻抹上来。下了几步，他分了心，他想自己正不露声色地走过人群，人们问他赢了吗，他什么也不说，他等着何老二自己去说。可是面前的何老二纹丝不动，只是诡笑着，这带着同情的诡笑让冯伯韬涨红了脸。

急不可耐地下了几十步后，冯伯韬将昨夜新记的秘招搬出来，他看到何老二的手顿住，面色凝重起来。他说：快点。何老二看了他一眼，忽而恐怖地笑起来，好像剪刀在轻薄的铁皮上一次次擦刮。冯伯韬这才猛醒，所谓秘招其实早在多年前的一个中秋节用过，那次双方棋子出动的次序、兑杀的位置，乃至死子摞起的顺序都与这次重合，他好像走进时间的迷宫。

永远的胜利者何老二行了一个看似无关紧要的子，冯伯韬的棋势便土崩瓦解了。何老二说：最后一盘了，以后不和你下了。往日冯伯韬又窘迫又讨好，今日却是漠然说好。何老二有些失落，顺手走了几步，眼瞅着冯伯韬只是勉勉强强地应，没将军就走了，而冯伯韬好像头颅被砍掉了，僵坐于原地。

何老二是个巨蛆式的身躯，慢慢蠕慢慢蠕，蠕过马路、小径，蠕到了家门口，正要掏钥匙，冯伯韬跟将上来。人们又一次留意到冯伯韬眼中可怕的刀光，不单人们看到了，转过身来的何老二也看到了，可是他不能问：你是不是要杀我呀？

不行，你得再陪我下一盘。冯伯韬将塑料袋里的棋子抖得瑟瑟作响。人们看到何老二有些为难，找了好多理由推阻，最后又只能充当大度的赢家，被冯伯韬推进屋。

有七个雎鸠镇的居民做证冯伯韬傍晚 5 点半进了鳏夫何老二的屋，但无人证实他什么时候离开。何老二的死是晚上 9 点被发现的，来找他顶班的同事发现路灯下排了一队长长的蚂蚁，接着闻到新鲜的腥气。何老二当时正一动不动地扑在餐桌上，脑后盖着一块白毛巾，毛巾中央被血浸透，像日本国旗。

晚 11 点，同样丧偶的冯伯韬轻轻打开自家的防盗门，看到黑暗中像有很多手指指着自己，便想退回去，但是那些冰冷的手指一起扑过来，顶住他的太阳穴、胸口以及额头。他手中的细软不禁掉落在地。

冯伯韬说自己是在傍晚 6 点离开何宅的，何老二把他送到门口，拍着肩膀交代“下不赢就不要下”。6 点以后他照例要到公园散步——冯伯韬就是输在这个环节的。

刑警问：有没有人能证明你当时在散步？

冯伯韬说：我没注意到，我脑子里都是棋子。

刑警问：你就一直绕着公园散步？

冯伯韬说：是啊。

刑警问：绕了几圈？

冯伯韬说：有一两圈吧。

刑警说：好了，你不用撒谎了，那里的水泥路被挖断了。

冯伯韬说：对对，我看到水泥路被挖断了。

刑警说：那你说哪里被挖断了？

冯伯韬回答不出来。此后的四五天，他在讯问室不停练习蹲马步和金鸡独立，有时还不许睡觉。他总是听到一声声呼唤，“你就交代吧”——这催眠似的呼唤几乎要摧垮他孩童般执拗的内心，让他奔向开满金黄色鲜花的田野，可他还是挺住了，他知道一松口就是死。

审讯进行到第七天时，政法委书记李耀军走进来，理所当然地坐在主审位置，他说：抬起头来。冯伯韬缓慢地抬起头，看到一道寒光刺穿下午灰暗的光阴，直抵自己眉心。他重新低下头，又听到那不容置疑的声音（抬起头来）。他试图甩开这锐利的目光，却怎么也甩不开，他逐渐感觉自己像一个被注视、不能缩紧身子的光身女子。他的防线松动时发出可怕的声响，手铐、脚镣、关节和椅子一起舞蹈起来，他想你就给一声命令吧，爹。可是青铜色的李书记却只是继续看着，就像狮子将脚掌始终悬在猎物头上。

冯伯韬后来终于是不知羞耻地开了口。第一遍发出的声音囫囵不清，像羞赧的人被请到主席台；第二遍就清晰洪亮起来。他看到李书记眼里的剑光一寸寸往回撤，最后完全不见了，只剩一汪慈爱的湖，他备受鼓舞地说：我杀了何老二，还贪污了公家三千块钱，还偷了算命瞎子一百多块，还有。可这时李书记头也不回地走了。等到刑警大队长坐回主审位置，冯伯韬索然无味。

大队长说：你是怎么杀何老二的？

冯伯韬说：就是杀呗，拿菜刀杀。

大队长说：不对。

冯伯韬说：拿斧头剁的。

大队长说：不对。

冯伯韬说：那就是拿棍子敲的。

大队长说：嗯，有点接近了。

冯伯韬说：锤子，我拿的是锤子。

大队长说：你拿锤子怎么敲的？

冯伯韬说：我拿锤子敲了他脑门一下，他倒下了。

大队长说：不对，你再想想。

冯伯韬说：嗯，我趁他不注意，拿锤子敲了他后脑勺一下，他

倒下了。

冯伯韬看到刑警大队长像个贪得无厌的孩子，便满足了他的一切要求，但是有些地方实在满足不了，比如交代金库钥匙和作案的锤子丢在哪里。他发动智慧想了很多可能掩藏的地方，然后带他们去找，却找不出来。

这件案子折腾半年（认罪、翻供、认罪），冯伯韬本来要死了，却先碰到良家妇女李喜兰的老公死了。这个男人第三次从北京归来后数度手淫，没有得到想要的结果，就让火车辗了下身。无牵无挂的李喜兰跪倒在地区检察院门口，证明4月20日傍晚6点到9点冯伯韬和她在一起。

地区检察院当时正准备提起公诉，越想越不对，索性把案卷和李喜兰的保证书一起退回县里，说了四点意见：一是杀人动机存疑；二是凶器去向不明；三是陈述内容反复；四是嫌疑人出现不在场证明，不能排除是他人作案。县委政法委书记李耀军当晚带人找到李喜兰，把保证书拍出来，又把枪拍到保证书上。

李耀军说：4月20日傍晚6点到9点你和冯伯韬干什么了？

李喜兰说：那个。

李耀军说：那个是什么？

李喜兰说：戳瘪。

李耀军说：你怎么记得是4月20日？

李喜兰说：那天我例假刚走，我在日历上画了记号。

李耀军说：做伪证可是要坐牢的。

李喜兰说：我以我的清白担保。

李耀军说：你清白个屁。我跟你说，婊子，案件本来可以了结的，你现在阻碍了它你知道不知道？我们受到上级批评了你知道不知道？

李喜兰抵挡不住，小便失禁，李耀军说：带走带走。民警就将她像夹瘫痪病人一样夹走了。关了有一周，李喜兰大便失禁，方被保出来，她出来前民警跟她说：你就是做证也没用，没有人能证明你们当时在戳瘪，你说戳瘪就戳瘪，说不戳瘪就不戳瘪，天下岂不大乱了？

李耀军是从乡政法干部做起的，一路做到副乡长、副书记、乡长、书记，又做到镇长、镇党委书记、司法局局长、交通局局长，平调很多年，四十五岁才混到副县长，本以为老此一生，却逢上老政法委书记任上病死了，上边考量来去让他补了这个缺，使他生出第二春，说出“我任上命案必破”的话来。现在却是如此，放也放不得，关也关不起，他便使了通天的热忱，在电话里给地区政法委书记做孙子，让上司组织地县两级公检法开协调会。

地区检察院说：证据不够充分。

李耀军说：还要怎样充分啊？

地区中院说：怕是判不了死刑。

李耀军说：那就判死缓。

地区中院说：怕是也判不了死缓。

李耀军说：那就判个十几二十年，我今天把乌纱帽搁这作保，我就不信不是他杀的。

那个时候，关在死牢的冯伯韬还不知道自己正像一颗菜被不停议价。当他接到县法院 11 月 22 日开庭审理此案的通知时，还不知县法院不断死刑案的规矩，还以为自己终究难逃一死，便含着泪吃掉所有的饭菜，大喊：李喜兰你叫啊，大声叫啊，你痛得昏过去，你要昏过去啊。

可是还没熬到 22 日，通天的律师就把他保出来了。手铐解下时

他觉得手好冷，脚镣拆下时他觉得脚好轻，整个身躯像要飞到天上去。飘到门口时他抬头望了眼苍天，苍天像块要碎掉的弧形蓝瓦，深不见底。他又回头看了眼看守所，看守所门口挂着白底黑字的招牌，铁门上建了琉璃瓦的假顶，四周是灰白色的砖墙，砖墙之内有无数棵白杨和一间岗哨伸出来，一个绿色的武警端着冲锋枪在岗哨上踱来踱去。冯伯韬想自己在射程之内，便忙走进路边的昌河面包，爬进李喜兰丰腴的怀抱哭泣。

一路上冯伯韬还正常，还有心评点新开业的家私城和摩托车行，到家一见灰尘笼罩下冷静、寂寞的家具，便像长途跋涉归来的游子，衰竭了。李喜兰找来医生吊盐水，吊了两日还是高烧不止，迷迷糊糊听说局长、院长和书记来了，又烧了一遍，差点烧焦了。待到烧退，他通体冰凉，饥渴难耐，先是要梨子，接着要包子，最后等李喜兰解开衣兜捞出尚鼓的乳房，他才安顿了。

冯伯韬再度睡醒时气力好了许多，这时房门像没锁一样，被县委政法委书记、公安局局长、检察院院长一干人等突破进来。冯伯韬惊恐地后缩，被李耀军的手有力地捉住，冯伯韬惴惴地迎上目光，却见那里有朵浪花慢慢翻，慢慢滚，终于滚出眼眶。

李耀军像是大哥看着小弟遍体鳞伤归来，浓情地说：老冯啊，你受委屈了。接着他取出一个信封，说：这是 210 天来政府对你的赔偿，有四千来块。冯伯韬把手指触在上边，犹犹豫豫，李耀军便用力塞到他怀里。接着李耀军又取出一个信封，说：七个月来你的工资奖金照发，合计是七千块。冯伯韬想说什么没说出来，又见李耀军取出一个信封，说：这是我们办案民警凑的一点慰问金，一共是一万块。冯伯韬连忙起床，却被李耀军按住了。

冯伯韬说：你们太讲礼了，这个不能要，太多了。

几名干事这时一窝蜂地嗔怪道：我说老冯你客气个什么呢。冯伯韬眼见这最厚的信封被塞到枕头下，忙两手捉人家一手，说：李书记，你看要怎么感谢才好啊。

李耀军把另一只手搭上来，说：也没什么感谢的，你就踏踏实实休息，你休息好，养好身体，我们也就安心了。然后他们连泡好的茶都没喝就走了，快到门口时，李耀军像是记起什么，转身说：你也知道的，现在的记者听风便是雨，瞎乱报。

冯伯韬高声应着：我知道，我知道。

此后真有几个记者趁黑来敲门，冯伯韬开始不理，后来觉得要理一下，便拉开门说：我不接受你的采访，没有人指使我不接受采访，我就是不接受采访，你要是乱写我就去你们报社跳楼。

记者说：我这不是为你好吗？

冯伯韬说：滚。

冯伯韬后来知道李耀军还是挨了处分，这让他很过意不去，路上碰见也不敢正视了。冯伯韬也知道自己被释放是因为实验中学老师陈明義供出了杀何老二的事，他想他应该感激陈明義呢，要不是陈明義把积案一起交代了，他冯伯韬现在不是在黄泉了？这样一想，冯伯韬就去医院给陈明義病重的老父预交了笔费用。

陈明義是在 11 月中旬事发的，他一连四天去偷超市的茅台酒，前三天得手了，第四天被逮个正着。派出所联防队员一拍桌子，把这个手无缚鸡之力的历史老师震慑住了，他就交代他其实还有几起盗窃案，人移交到刑警大队后，刑警接着拍桌子，他就又交代他其实还有一起杀人案，杀的正是信用联社经警何老二。

根据案卷记载，陈明義的犯罪史正是从 4 月 20 日这天开始。这天下午，他拿着诊断书魂不守舍地走，走到百货大楼门口见到人多，就跪下磕头。人们问陈老师你怎么磕头啊，他就说我爹嘴里哈出尿

味了；人们问尿味是什么啊，他就说要做透析；人们问透析是什么，他就说我要大量的现金啊；人们就啧啧着走光了。陈明義把百货大楼的生意磕没后，自己也有些醉了，然后他看到一辆藏青色的运钞车驶过马路，又看到冯伯韬扯着何老二的制服后摆往湖边走去。他听到何老二说：我都替你丢不起这个人。

陈明義像是被擦亮了，觉得非如此不可。于是回家洗脸，计划，再洗脸，然后拿锤子走向何老二家，在路上他看见丧魂失魄的冯伯韬，心想何老二是一个人等他了，便坐下来像海尔售后服务人员一样用塑料袋把鞋扎住，像砖瓦厂工人一样戴上厚手套，他还摸了一把藏在宽大口袋的锤子——他是如此细致，又是如此被愚蠢的犯罪激情驱使。他走到何家，吸口气推开门，看到何老二扑在餐桌上打盹。

他说：二哥，借点钱吧。

何老二歪过头，从满脸横肉里屙出蒙胧的眼睛，又睡着了。

他说：二哥，借点钱吧。

何老二怒了：你没见我在睡吗？快走快走。然后就着还没消失的呼噜又睡去了。陈明義往门外退了几步，站立十几秒，猛然朝前疾走，一锤子敲到何老二肥厚的后脑勺上。何老二嗯了一声，全身哆嗦一下，又睡了。

陈明義索性到厨房找来白毛巾盖住它，连续敲十几下，直到血冒出来。

陈明義没翻出多少钱，最后从尸体裤腰处找到金库钥匙，他想接着敲死值班人员去打劫信用联社金库——但是走了一阵后，他感觉裤腿有些重，他毛骨悚然地想这是何老二拖住脚了啊，往下看又没有，便用手摸，摸到一摊尿水。他就呜呀呀叫着跑回家了。

刑警问：为什么不用菜刀？

陈明義说：菜刀不能一招致命，被害人容易叫。

刑警问：为什么不用斧头？

陈明義说：斧头太笨，舞不开。锤子好，锤子小巧有力，不易见血。我去之前就想好了，对待何老二这样的大物件，刀不如斧，斧不如锤，出其不意，速战速决。

刑警看陈明義说到兴起，好像是置身事外的演员，便打断道：你为什么第一步就杀人？

陈明義说：给自己纳投名状。我想我至少缺二三十万，总归是要走这条路的，杀了人后就不能回头了，就不会犹豫了。

刑警说：那后来为什么又不杀呢？

陈明義说：还是见不得世面，害怕。我夜夜睡不着，想着何老二。

刑警说：现在呢？

陈明義说：现在好多了，现在说出来舒服了。

陈明義带着刑警七拐八拐，多次迷路，终于在一处烂塘指出大概方向。刑警找来民工抽水，抽干了，果然看到烂泥里有一把锤子和一把钥匙。陈明義被执行逮捕，随后事实清楚、证据充分、从重从快，被地区中院一审判决死刑。

陈明義进死牢后，东西走五六步到顶，南北走七八步到顶，便知道苦了，每日摇着栅栏哭。他一哭整个号子就跟着哭。老狱警听了几天听出名堂，别人哭是恐惧，陈明義不是，陈明義哭得清澈，纯粹，含情脉脉。

老狱警拣了个太阳天，把面黄肌瘦、腿脚晃当作响的陈明義引到亭下，请了一杯酒，说：你是为谁哭？

陈明義说：我父亲。

老狱警说：听说了，你是个孝子。我也叹，你是这里学历最高、教养最好的，走上这条路实在可惜。

陈明義说：我是不得不走上这条路。

老狱警说：没别的办法想吗？

陈明義说：有一时，没长久的。医生说，尿毒症是个妻离子散病、子女不孝病，再大的家业也能败空。你想尿排不出来，毒全部在体内，要做肾移植，做不起就只能透析，情况好一点一年十来万，严重点就得二三十万。后来学校借了不少，找亲戚拿了不少，连学生也捐款了，但这些钱像水滴到火炉，转眼就冒烟了。

老狱警说：所以你就抢钱偷东西？

陈明義说：所以我就抢钱偷东西杀人。

老狱警说：你不能放一放？人都会死，你父亲也是一样。

陈明義说：我不能杀我父亲。

老狱警说：不是说杀，是说放，人各有天数。

陈明義说：放了就是杀。我的命、我的大学、我的工作都是父亲拿命舍出来的，他卖自己的血。现在他有事情了，我放？他才四十九岁啊，比伯伯你还小啊。

老狱警捉过陈明義的手，扯起衣袖端详，说：你也卖了血。

陈明義说：我读书时觉得实在无以回报父亲，就天天读《孝经》，我顺读倒读，读得热血澎湃，就想我要是天子，就有天子的孝法；我要是诸侯，就有诸侯的孝法；即使是庶人，也有庶人的孝法。子曰：自天子至于庶人，孝无终始，而患不及者，未之有也。意思就是没有尽不了孝的道理。

老狱警说：嗯。

陈明義说：可这只是孔子的想当然，孔子还说，谨身节用，以养父母。好像懂得节约就可以给父母养老送终了，但是现在就是讲孝道也要有经济基础，我每天只吃一个馒头，我父亲的病就好了？不可能。你知道孝感吗？就是行孝道以至天地感动，老天起反应了。汉代姜诗的母亲喜饮江水，姜诗每日走六七里挑水，老天就让他家涌出江水来；晋代王详的继母想吃鱼，王详脱衣卧冰到河上求鱼，老天就让冰块裂开，蹿出两条红鲤来。我也曾跟着老农去挖新鲜雷公藤，也曾去求万古偏方，可是我感动谁了？我父亲脸色浮肿，精神异常，一不当心就昏转过去。

老狱警说：你不要钻牛角尖，孔子也有讲顺应。我话说直接，人都是要死的，你还能拦住你父亲不死？你尽心尽力就可以了。

陈明義说：我父亲得的要是必死的病，我也就死心了，可他不是。我不能把他丢在医院自己去吃饭去上班，我吃饭上班然后他死了，没这个道理。

老狱警说：唉。

老狱警接着说：我也读过一些书，说老吾老以及人之老，幼吾幼以及人之幼，孝则对人忠，悌则对人顺。你讲孝没有错，可也不能以一己之孝取他人性命啊。

陈明義慢慢饮了那杯酒，说：他人性命，我父性命，我取他人。

秋后问斩时，天空晴朗，老狱警陪到刑场进酒。陈明義说：我想知道我父亲现在的情况。老狱警就去打电话，打了很久，那边医生才过来接电话。

医生说：死了。

老狱警走到枪口下，对垂下头颅的陈明義说：情况好了一点，在看报纸。陈明義的泪便像雨一样射在地上。

后来，老狱警坐车去那家医院，知道陈明義的父亲像娇贵的玫瑰一样死了。医生说，要每天浇水，一天不浇就枯萎了，两天不浇

就凋谢了。开始时还有个干瘦的男人扯着一个丰腴女人的衣服后摆来支付费用，后来就不来了。老狱警想好人好事终归有限。

而我们还是那只很大的鸟儿。我们拍打着贪婪的翅膀，嗅着可能的死亡信息，每日百无聊赖地盘旋在雎鸠镇上空，终于又看到这样一些事情：县委政法委书记李耀军顺利当选政协主席；超市员工嘘叹只有傻子才会一连四天在同一位置偷最贵的酒；而林业招待所的会计冯伯韬没日没夜、心安理得地操寡妇李喜兰。有一天操完了，李喜兰说：戒指呢？冯伯韬好像不记得这事情，李喜兰便哭，便喊便叫，你这个骗子，你骗了陈明義又来骗我，你这个骗子。

选自《鸟，看见我了》（2011 年）

阁　楼

十年来，朱丹接了母亲无数个无用的电话，唯一拒绝的，是一次可以避免自己死亡的报信。当时她走在回娘家的路上，午时的阳光使楼面清晰闪亮，没有风、燕子和蝉鸣，就像走进一座心慌的死城。她的母亲正疯疯癫癫地拖着拖板，迎面而来。猛然望见时，母亲已转进侧巷。她停住冲到嘴边的呼喊，觉得对方既然没看见，自己何苦多嘴。

她碰见的第二人是社员饭店老板，他蹲在桥边剥鸡。饭店有十几年历史，入夜后，他常和老婆将泔水倒进护城河。这是个软弱又容易激动的胖子，看了眼朱丹，朱丹并不看他。但走过去几米，她还是骂："断子绝孙的。"

"什么？"

"断子绝孙。"

"又不是我一个人倒，都倒。"

"有种你就再倒，你倒。"

"倒就倒。"

老板端起大红塑料盆将混杂鸡毛的水泼向护城河，后又将烂菜根逐颗扔下去。而她早已走到家门口。十年来每次见面，她都诅咒，他也必有所还击，一直没有报应。按照他说的，自己是有垃圾往河里倒，没有垃圾也创造垃圾往里倒。

河内早已只剩一条凝滞的细流，河床的泥沼长满草，飘出一股夹杂粪便、泔水、卫生巾、死动物甚至死婴的剧臭。有一任县委书记曾开大会，说这是城市的眼睛、母亲河，修复治理刻不容缓，朱丹当时很激动，但只需进入实地测算，工程便告破产。它牵扯到一点五个亿。

十年前，朱家在河边筑屋是因它占据八个乡镇农民进城的要道。将建成时，母亲与来自福建的建筑工发生争吵，因为通往阁楼的楼梯又窄又陡。“有什么用呢？”母亲说，“这部分钱我不可能付，你们觉得划不来，就拆了它。”包工头争辩不过，草草完工，一天后拿着砌刀说：“你要活得过今年我跟你姓。”当时站在面前的是朱丹的父亲，他一脸愕然。

父亲是和善的人，和善使他主动给包工头的儿子取名，也使他无法阻止妻子不义的行为。除夕将近，好像是为了等女儿结过婚，也像是为了兑现自己身为一个男人对福建人的愧疚，他在郊外长河留下鱼篓、钓具和没抽完的香烟，去了另一个世界。

婚礼燃放鞭炮所留的火药味尚未散尽，新的鞭炮又点起来，客人们再度拥入，收拾、打理、吃饭、喝酒，像成群的企鹅挤来挤去。朱丹仰面朝天，放声大哭，几度要窒息过去，妇女们拿出手帕，不时擦拭她脸上汩汩而下的泪水。当她们散尽，她还在无休止地哭，就像哭是一张保护伞，或者是一件值得反复贪恋的事。

因为父亲过世，已为人妻的朱丹每天中午回娘家吃饭，以陪护母亲。也可以说是母亲让她履行这个义务。她和哥哥朱卫很小便受母亲控制，“休想逃出我的手掌心，”母亲总是说，当然还会补上，“我还不是为你们好。”

这种控制结出两种果实：

朱卫醉生梦死，而朱丹胆战心惊。

朱卫知道什么都不做也会受到母亲保护，索性让她全做了。高二他辍学，被揪着去交警大队当临时工，几年后转事业编。母亲买下婚房，让他和自己一直暗恋的电影院售票员结婚。他只负责长肉，年纪轻轻，便像面包发起来，回家后总是瘫在沙发上，说：“又说我，有什么好说的，要不你别管了。”而朱丹知道做什么都不会让母亲满意，生活中又总是充满这样那样的事情，大到是否入党，小到买青菜白菜，她都感到惶恐。有时不得不做出选择，她便捂着藏着，试图让自己相信母亲没有察觉。

“人总是要结婚的，我留意那小伙子半年了。”一天，母亲说。这是已决定的事，母亲却还是装着与她商量。果然，在她略表迟疑后，母亲大声呵斥，“你知道吗，替他说媒拉纤的一大堆，你算什么东西？”后来母亲带她去城关派出所所长家，那里坐着一位皮肤白净的年轻人，在镇政府上班，父亲是县委政法委副书记。

大人们离开后，他一直低着头搓手。朱丹说：“我认得你。”

“怎么认得？”

“就是认得。”

出门后，朱丹听到派出所所长小声问对方：“怎么样？”

“我没有什么意见，就看人家怎么想。”

不久他们订婚，试穿婚纱时，朱丹少有地展露出那种女人对自己的喜爱，在镜前来回转圈。“怎么样？”母亲问。她忽然低头流泪。

“不满意？”

“不。”

“那为什么出眼泪？”

“可能是高兴得出了眼泪。”朱丹露出难看的笑。母亲后来侦测

几次，确信女儿是满意的。但临办婚宴时风云突变，朱丹呆滞了，这就像一团阴影笼罩在两家人心上。婚后数月，亲家母忍受不下，杀上门来，说："我知道你是强女人，但今天这事不能不说，丹丹有问题。"

"她能有什么问题?"

"不肯行房。"

母亲大声说不可能，心下却全然败了。"说是亲家去了，丹丹难过，我们理解，但也不能难过这么久；说是嫌弃我们家晓鹏，我们也不怕嫌弃。这事我不说出去，但总是这样，我看还是早些了断的好。"亲家母说。母亲想起自家两代女人的悲哀，怕是冷淡也会遗传——在嫁给好人朱庆模后，他们一年统共行不下三次房，都是又求又告的，最初一次她推来推去，差点将他阳根折断。

朱丹回来时，母亲说："女人都要做这事情的，这是女人的命。"朱丹低头扒饭，母亲便分外忧伤地说："都是要躺在那里让男人戳的，你听话。"

"我知道。"

"忍一忍就过去了。"

后来与亲家母说话，母亲知道女儿每次行房后都会呕吐，有一次还呕在床上。亲家母虽然没再说什么，母亲却羞惭不堪。她又是吓又是劝，与女儿一起研究《新婚必读》，吃肉苁蓉、胎盘，效果并不明显。母亲走投无路，找了个信人求告，却不知这妯娌听时满脸焦灼，传闲话倒眉飞色舞。不一会儿，一座县城都知道此事。朱丹丈夫陈晓鹏受不住眼光，跟一个农校实习生好上，证据确凿，情节恶劣，朱丹和母亲却不敢闹，倒是那女孩子来到朱家门前叫阵。母亲走上去连抽她三耳光，被推倒在地。母亲便打电话叫派出所所长将女学生带走，关够二十四小时。

事实证明，母亲当初替朱丹选这个丈夫是对的。虽然从无一夜得到欢乐，也总是被教唆离婚，他终究还是像绅士一样护住婚姻。逢年过节，他一手提着很多礼物，一手拉着朱丹，来到朱家。他跟朱家去祭祖，很多事情办着也是向里的。在社会上，他和和气气，人们见多鼻孔朝天的人，见到他这样又有面子又不傲的，总是格外亲热。母亲第一眼看上他时就觉得儿子朱卫不争气，现在看着仍充满慈爱。母亲感恩于他顾大局。

朱丹产子后，母亲松下气来。一个身高一米五七、体重八十斤的人，几乎是刨空身体，为陈家生下一个六斤三两的儿子，怎么也说得过去吧？亲家母要的本来就是香火而不是做爱，现在得到了，家庭便从风雨飘摇进入平衡，甚至比本来就恩爱的家庭还要平衡。她们达成默契，只要陈晓鹏不带女人回家，怎么都好。她们可以围绕新生儿分配好角色和任务：

妈妈、奶奶、外婆
喂奶、换尿布、带他睡觉

可是，孩儿一过哺乳期，朱丹又呆滞起来。不但呆滞，还加了惊恐。有时坐着坐着，突然中蛊，捂着胸大口喘气，额头出许多汗。“丹丹你怎么了？”朱丹却是站起，抓过包要走。“你去干什么？”母亲问。

“回家。”

“这不是你家吗？”

她猛然站住。

“你这是怎么了？”

“我快要死了，”她焦躁地说，随即又补充，“死不了的，你看，只是突然有点不舒服。”

这症状每隔几日来一次，有时一日来几次。母亲盘问不出来，失了眠，便幻听到楼上有男性脚步声，来回走几趟消失了。母亲自恃身正不怕影子斜，摸索上楼，在楼梯口摁亮开关，却是什么也没看见。角落摆放着她和朱庆模结婚时的家具，还有一张四脚床。

“老朱，老朱。”她叫唤数声没人应。

母亲再不敢睡，开大电视，吵了自己一夜，次日便让保姆陪住。当嘴角长胡子的保姆在客厅打起呼噜，她感到从未有过的踏实。以后她带着朱丹去坟前祭祖，庙里烧香，那声响便再未来过，女儿却仍心慌不止。

曾有一次，女儿像是下定决心，自言自语走进厨房。母亲问："丹丹来做什么?”她又呆傻回去，拼命摇头。

“你来厨房做什么?”

“我不知道。”

“丹丹别怕，有什么事就跟妈妈说，”母亲口气软和起来，朱丹痛苦地看了一眼，落下眼神，“别怕孩子，你说，说什么我都不怪罪你。”朱丹却是回客厅了。母亲关掉煤气灶，走过去，罕见地捉住女儿的手，说：“你不说怎么能治病救人，我们有病治病，有身体病治身体，有心病治心病。我们妇女都有这样那样的病，又不止你一个。”

“没事，你看孩子都生了。”

“是啊，孩子都生了。这就说明你什么问题都没有。”

“都有下一代了。”

“是啊，那就别想了，越想越想不开。”

母亲也就如此了。后来她去找亲家母，亲家母找来陈晓鹏，说：“以后别出去花心了，成何体统。”母亲说：“也别说晓鹏。就是都是夫妻，夫妻应该有夫妻的照应。”

“晓得的。”

后来陈晓鹏至少在样子上得过去，接送朱丹下班，夜晚也搂她肩膀睡，可后者并无起色。即使是吃阿普唑仑、百忧解，也不见效。

终有一天，母亲带着朱丹去省城看心理医生。那医生说：“深呼吸。”朱丹做了几分钟深呼吸，果然头晕脑涨，立足不稳。

“是不是感觉就要死了？”

“是。”

“怕不怕死？”

“怕。”

“在死之前，你给我做一件事，背着双手，蹲下去，朝前跳一步。”

朱丹有些错愕，母亲说：“让你做你就做。”朱丹背着双手，蹲下去，像青蛙僵硬地朝前跳了一小步，引得医生哈哈大笑。他说：“你觉得一个快死的人还能跳远吗？你见过吗？”母亲跟着笑起来，朱丹看着母亲也笑起来。“什么事都没有。”医生说。

“是啊，一向都是疑神疑鬼的。麻烦医师再开点药。”母亲说。

“开个屁。我跟你说，你女儿的病就是自己暗示自己。身体一不舒服，比如呼吸急促，胸闷——这是多么正常的事啊——就觉得是死亡的征兆。因此惊恐。惊恐得越厉害，她又觉得，要不是快要死了，怎么会如此惊恐？死个屁，死人能跳远吗？”

后来母亲咂摸几天，看见朱丹便恶毒地说：“死个屁。”女儿便低下头。可这也只好了半个月，朱丹有时走着走着，瞧见没人便弓着身子跳一步，次数多了便成强迫症。

此事久了，便由痛苦而厌烦，由厌烦而麻木，慢慢变成生活永恒的一部分。只是到退休那日，睹万物萧条，母亲才忽然意识到女儿比自己老得还要彻底。以前看女儿，觉得今日与昨日并无区别，这一天却像是多年后重访，诧异于一个三十多岁的女人，头发已像薄雪盖煤堆，灰白一团。

“你怎么不去染下？”

“染了前边是黑的，发根长出还是白的，更难看。”

你还要活很久。母亲想，开始跟踪女儿。女儿总是目不斜视，像鹅，撇着双手沉闷地走。母亲有些不齿。女儿自打第一次骑车摔倒后便不再骑，现在满街妇女都骑电瓶车，只她走路，搬什么都搬不了，像个文盲。女儿早上从夫家走到单位，中午从单位走到娘家，傍晚从单位走回夫家，既不理会人，也不被人理会。没人知道折磨她的人或事是什么。

由她去吧。有一天母亲意识到这样的跟踪早被察觉，便朝回走。她边走边抹泪，后来索性坐在路边水泥台阶上，看红尘滚滚。这些，那些，去的，来的，欢快的，悲伤的，一百年后都不在了。这样痴愣许久，她见着女儿坐出租车一驰而过。她迟疑片刻，像被什么弹了一下，趔趄着下到马路，拦停下一辆出租车。女儿若是出门办事，定会有公车接送。打电话至办公室，果然说是回娘家。方向却是反的。

那车辆出了城，驶过六七公里柏油路，转进村道，穿越一大片油菜花地、竹林和池塘，到达一座唤作二房刘的村庄。放眼望去，村舍鳞次栉比，贴着瓷砖，装铝合金窗，各有三四层，独女儿轻车熟路去的这家只有一层，仍是青砖旧瓦。女儿像是融进黑洞那样走入大门。大概也只五六分钟，她又出来，后边跟着一对老人。女老人矮小，笑着，真诚地看着她，男老人骨瘦如柴，只剩一张黄黑的大脸，眉毛、鼻孔、嘴角紧扣着，正将巨大的左手搭在女老人肩上，努力将右腿拖过门槛。

“爸，妈，不用送了，好好休息吧。”

那女老人便回头说：“死老头，小朱跟你说再见呢。”女儿又走上前，捉住男老人瘫痪的右手，唤了一声爸，细声交代几句，他那原本像一块块废铁焊死的脸便忽然开放，露出全身心的笑。“要得，要得。”他说。

中午，母亲坐在餐桌边，看见女儿上得楼来，像上演哑剧那样，换鞋，放包，上卫生间，洗手，择菜，淘米，收拾茶儿。她既不问母亲为什么不做饭，也不想知道保姆去哪儿了。她说了多少年的谎，骗了我多久啊。母亲心下闪过一丝恐怖，阴着脸坐着一动不动。女儿后来终于流露出惶恐的眼色。

“把碗放下来。”母亲说。

女儿的身躯明显震动。接着她听到母亲说：“给我。”她惶惑地望着，将茶儿上的鸡毛掸子递过去。母亲指着她说：“告诉我，这些年你都干了些什么？”

“没干什么。”

“没有？”

“没有。”

“那你怎么叫那中风老头叫爸？”

“我没叫。”

母亲举起掸子劈下，被匆促躲开。“跪下。”女儿便扶着桌沿转圈，像是快要哭了。“跪下，死东西，我叫你跪下呢。”女儿不肯从命，母亲便举着掸子四处追打。此时朱卫恰好归来，说：“打什么，你从小到大就知道打，打得还不够吗？还不嫌丢人吗？”母亲便说：“你问她，问问清楚，她外边是不是有一个野老公？”

“没有。”

“还没有。”母亲又打将下去，女儿却是仰头挨了。母亲便不再打，只见女儿委屈地抽动鼻子，哭哭啼啼，取过包要走。母亲捉住，说：“别走，今天说清楚，不说清楚，就是死也要死在这里。”女儿挣脱不开，便恼怒地说：“还不是因为你。”

却是因此，母亲知道自己当年拆散了一对鸳鸯。当时她只当提个醒，却不料真的拆散了。她曾毫无来由地教训女儿：“你喜欢一个人时一定要想清楚。你只有一生，就像只有十块钱，一冲动，就花出去了。你脑子就是容易发热，喜欢听花言巧语。记得，你不慎重对待人生，人生也绝不会慎重对待你。”后来朱丹的表姐妹带着男人来做客，个个穿着文雅，举止得体。“你看看他们，要么家资万贯，要么父母当官，一起来，多有面子。”母亲说。

朱丹寻思母亲看出端倪来了。她背地里和同学谈了三年恋爱，那人退伍后到亲戚的电池厂当销售主任，叫起来刘主任刘主任，颇是好听，却终究还是农业户口。“不过，无论如何，那都是我自己的选择，是我决定的，我不可能没有任何感情，”朱丹说，“现在想起来，我要是跟他过，苦是苦了点，也会比现在好。现在人不人鬼不鬼的。”

“那你当时怎么不说？”

“我敢说吗？”

“你就是处处寻思和娘作对。你想想，要是我死了，不存在，不干涉你了，你还会要他吗？你愿意和这样的人过一生？”

“那至少也比现在强。”

这时朱卫插了嘴：“丹丹的想法我理解。可是，天下执政党总是吃亏的，一等在野党变成执政党，你就会明白，它们连前任都不如。政治不可靠，男人也一样。你跟那人过得下去，我不信。”

“不是这回事。”朱丹说。

他们却是因此又知道朱丹还曾经历一个恐怖的夜晚。那时距离她与陈晓鹏结婚只有半个月，母亲出差，父亲陪同前往旅游，而哥哥则在医院照应妻子，偌大新居只剩她一人看守。她像只兔子，一回家便将门锁死，试图让自己相信男友刘国华并不知情。但后者还是在酒局上听到了，“你的女人和别人拍婚纱照了。”

那众人的目光像是巨大的气体，推着刘国华朝险地走。“算了吧。”一个朋友说。

“算什么。”

他取过蒙古刀，走向朱家。据说他们炸开锅，除开一人思前想后报了警，剩余人都骑摩托车逃回了家。值班民警说：“口头犯罪不算犯罪。”

“难道要等他把人杀了才能算？”

“理论上是这样的。”

那当过特种兵、身高一米八的刘国华凭着一股戾气走到护城河，像野狼一般嘶喊许久。那四周原本有灯火的便都熄了，朱家的那盏也在犹疑中熄了。此时，刘国华的真气已一而鼓再而衰三而竭，他用手拍打防盗门，啼哭起来，“丹丹，你开门呀，我的心被割得痛死了。”

这一两小时，朱丹脑袋一直嗡嗡作响，只觉得无法解脱，人间所有的不快与折磨都涌上来，就像有无数条鞭子在抽打，就像自己躲在逃无可逃的角落，而猛虎不停用利爪拍打脆弱的栏杆。她想撞墙，想有一把手枪对准太阳穴，射进去子弹。她想要通透，一种光明的通透。“我快要疯了，”她对母亲说，“我没办法。”她打开门。刘国华滚进来，抱住她的脚。他除开哭只会不停地问：“为什么？”

“我妈不同意。我跟她解释了几年，没用，她不同意。”

“那你还爱我吗？”

“不知道。”

“不知道，你不知道啊，”刘国华拍打着桌子，眼泪汩汩而下，“分明是你自己不要我了，你嫌弃我了。”

“我没办法。”

随后她又说：“我想过办法的，对不起。”

“你嫌弃我。”

“我没嫌弃。”

“那你怎么还和别人结婚？”

“人总是要结婚的，我年纪大了。你别说，你听我说，我等过你，你总是说你会赚钱，你赚的钱去哪里了，你造的房子在哪里，你难道要让我嫁到二房刘去？”

这是分手的好时机，刘国华连口说好，好，就飘到楼下去了。她未承想如此轻松，出了一身汗，跟下来。他一出去就关门，这是她期盼的，但她强撑着倚在门边目送他，以示并不绝情。

“不行，我还是爱你，”刘国华从黑暗中走回来，“我根本没办法克制自己不去爱你，离开你我完全活不下去。”后来他像疯子一意孤行。他找到一个新的武器，那武器挥舞起来是如此自如，以至于让他的软弱得到隐藏，同时也让他所有过分的要求得到尊重。

要么你死，要么我，要么一起死。

“你知道吗？你让我感到害怕。”她摇头晃脑起来。

“我不管。”

起初他像是在表演，后来便彻底陷进去，“搞死我吧，只有这办法了，你看，我根本克制不了对你的爱情。”她去厨房给他倒水，出来时，看见他极其夸张地回到悲伤状态，便完全克制不住嫌恶。她说：“喝口水吧，别说那些傻话了。”他一饮而尽，以一种动物般无声而可怖的眼神看着她，说：“你到底爱不爱我？”

“你喝多了。”

“你到底爱不爱我？我问你呢。”

“不爱，”她突然进入到罕见的平静中，说，“我告诉你，我不爱你，永远不爱。这辈子不爱，下辈子也不。你就是将我杀了，我也会这么说。”

“你以为我不敢吗？”刘国华抽出刀子说。

“那就来吧。”

她闭上眼。在那分外寂静的等待中，她像烈士，被一种前所未有的自主感包围，她说：“来吧。”刘国华便绝望地嘶吼，他表达够对自己以及对方的眷恋，猛然一刀刺向自己手掌。

“你干什么？”

“滚开。”

那野兽往下便像个出色的行刑人，先后在自己肚皮、胳膊、膝盖以及额头画起线来，初时只觉那线突然变白了，接着便有一排鲜红的血珠蹿头蹿脑冒出来。

“你要干什么？”

“滚开。”

在她错愕时，他又喊了一声，“滚开，你这婊子。”她便眼见着他将左手食指置于桌面，像切菜那样切下来。然后他说：“我就是要让自己记得。我将身上弄出这么多疤痕，就是要让自己记得。这样我就永远不会对你心软。我让这些疤痕替我记着，我和你有深仇大恨。从今天起，我们有深仇大恨。

“我保证，有一天我会回来清算你。我什么时候都可能回来，我可能搞坏你，也可能搞坏你父母、老公，还有孩子，可能搞死也可能搞残，可能搞一个也可能搞全部。搞一个还是搞全部，搞死还是搞残，全凭我的心意。我会等你长成一颗大桃子，再来采摘。我说

到做到。到时就是你求我，我也不会原谅你。我以这根指头发誓，我永远不原谅你。”

然后他永远地消失了。

朱丹因此呆滞了。所有人都知道她在婚礼上惊恐不定，她不时张望门口，总是缩在父亲身后，一旦程序走完，便快速走回房间，锁上门。当时大家只当是羞怯。“我怕他来泼硫酸，”她对母亲说，在后者将她纳入怀中时，她号啕大哭，“孩子生下后，我怕他突然窜出来，将他夺下来摔死。这些年，他就像一块钢板塞在我脑子里，让我不得安生，妈，我就像站在孤庙，雨地里到处是马蹄声，我转着圈儿，不知道危险会从哪里来。我怕。”

“别怕，我会救你的，我这就来救你。他来过吗？”

“没。他消失了。我一度想，他当时只是虚张声势，时间终将会改变一切。时间会让他的愤怒消失。甚至我以为这威胁本身就是恶作剧，恶作剧就是目的，他依靠这个来惩罚我。这个国家毕竟还有王法。他吓吓我，吓得我过不下日子，他的目的便也达到了。但正当我这样想时，他托人从外地带来一只包裹，那里有一只塑料袋，袋沿滴着透明的黄油，袋内装着一只发霉的手指。那是他剁下来的食指。

“他就要回来了。”

尽管不太相信这说法，母亲还是在盛怒中召集本族在街上的人，杀气腾腾地去了二房刘村。“刘国华呢？刘国华在哪里？”他们在这青壮年都出外打工的村庄呼吼，找到那矮小的房屋。男老人照例用左手巴住女老人的肩膀，拖着残废的右腿出来。

“你们算什么东西？”母亲说。那老人嘴角瞬时流出一摊水，说：“说些什么呢？”

“她说，国华害了她女儿，”女老人说，接着又对母亲说，“你们也要讲良心，我们世代都是农民，我也知道你们是城里人，他们俩没好上，我们从来没怪过姑娘。不是一个条件。”

“什么不怪？你儿子说要杀了我女儿。”

“不可能，我儿子那么老实。”

“怎么不可能？”母亲使了疯，大声嚷起来，只见那男老人眼中滚下一颗球大的泪珠，强忍着说：“你们走啊。”

“走什么走？我今天特为来告诉你们，我朱家就没怕过谁。”

“走啊。”

“我只是来告诉你们，我女儿这些年到你们家来，求你们，讨好你们，好让你们儿子回心转意，不要祸害她。她值得吗？你们配吗？你们哪一点配得上她讨好？”

那男老人怒得不行，颤抖着从随身包里抓出玻璃杯，掷过来，却是在距母亲还有一米时掉下。女老人马上大哭，“都死了人啊，都没一个人出来做主啊。”母亲倒不怕什么村人，就怕人家又要中风了，犟上几句嘴，便镇定地钻进车里，一溜烟回到县城。她找到派出所所长，所长二话没说，将刘国华申报为追逃对象。

又过去两年，风平浪静。母亲吃了往日好用强的亏，在老年生活中落了单，被一个练功团队召去，每日傍晚大力鼓掌。一日用力过猛，顿悟，这世道原来是吃人世道，从此便难清醒。她又偏偏是无神论出身，因此能在表象上自控，一时使外人不能察觉。只是那疯癫像肥肉，时常勾引着她心甘情愿地走，一不朝前走，便如万蚁钻心。

那朱卫见情况如此，回家便少了。人们只道闺女是小棉袄，见着朱丹每日仍归来。母亲开始无休无止地折磨保姆，比如怀疑投毒。那保姆嘴角长胡子，大字不识一个村姑，哪里受得了这般侮辱，卷

起铺盖要走，被朱丹拉住，加了两百工资。朱丹说："三姑，你好歹在这里服侍八年了，就当她是个小孩，作弄她吧。"那保姆一听，心软了，后来还能开玩笑："老怪，你说我下毒，我要下毒早就下了，轮不到今天。"

母亲说："哼，你先吃，你下毒先把你毒死最好不过了。"

保姆便大碗喝酒，大块吃肉。然后她们在宅子里旷日持久地玩游戏。母亲总是出其不意在角落放上画过奇怪图案的人民币，装作忘记了。保姆总是将它们收集起来，还她，她便蘸口水一张张地点，要是少了，便大叫："我早就知道你是个不诚实的东西，你就这样贪心，连主家这点钱都偷。"保姆便打电筒去找，不久便真找到五块钱。

却说一日，母亲灵感来了，怀疑保姆将农村的亲人接来住，便闲不住，四处搜寻。她从一楼翻至四楼，一无所获，便去了阁楼。通往那里的楼梯又窄又陡，她是单手扶着脑袋走上去的。她一打开锁，便见里边灰蒙蒙一片，一只壮硕的乌鸦扑棱棱飞出窗户。

两只用不干胶粘得严严实实、又被包装带捆死的木箱躺在那里，暗红色的油漆尚未剥落。看得出来，它时刻等待被搬走，却像是不幸的孩子被永久遗忘。母亲抹抹盖上的灰，心说："我可是从来没整理这两箱东西。"

她下楼找保姆，没找着，便提着剪刀上来，撕裂不干胶，剪断包装袋，将箱盖揭开。一股陈气几乎将她熏翻。接下来她所见的，让她痴愣。她先想到保姆父亲是宰牛的，接着判断这绝不是动物尸骨。她感到有意思了。这时，在她囫囵的脑海中，有两件事正相向而游，游到一块她就明白了。

尸骨……女儿！

但楼下此时正好传来保姆爽朗的笑声。三姑你还笑，你干的好事，你杀了人，还藏尸在此，坑害我朱家！她跌跌撞撞下楼，手翻笔记本，找儿子朱卫和女儿朱丹的电话号码。朱卫的手机一直没人接。朱丹的手机也一直没人接。第二次拨打时，朱丹已关机。母亲便在一阵强似一阵的恐惧中下楼去，走进光明的中午。她穿过护城河，走进知书巷，就快要撞着女儿了，却是侧身转进侧巷。兹事重大。她抄近路去城关派出所去了。而朱丹走完知书巷后，走过护城河，和社员饭店老板交锋几句，便走到家门口。慵懒的保姆提着毛线及时闪现出来，谄笑着说："丹丹回来啦？"

"我妈今天怎样？"

"还不是老样子。"

"我看她跑出去了。"

"不怕，她会跑回来的，她怕我偷她的东西。"

果然不久，母亲高叫着"别跑别跑"，带一伙警察跑来。这事有诸多蹊跷处——疯子报案从来没人理，即使那老所长是她一世情人。他们从初中好起，没牵过一次手、拥过一次抱、亲过一次嘴，却像世间最亲的兄妹，一向都由他来忍让、迁就她的骄横。这天她啼哭着猛然跪下，所长便老泪纵横，"如果是儿戏，就当是陪你儿戏吧，反正我也早退居二线了。"他带着一名警察和两名实习生走进朱家大宅。上楼梯时，他们看见朱丹正汗如雨下地朝下走，便一起退到转角处，让她先下。

"丹丹你这是怎么了？"他问。

"没事。"

她凄苦地笑着，扶着栏杆软绵绵地走。大约十分钟后，那四员警察在查看现场时茅塞顿开，争先恐后朝下冲，其中一位还拔出枪。他们看见朱丹刚走到桥边。这十分钟啊，她只走了十米，她的脚就像粘着巨大的口香糖，她就像在噩梦里那样无望地逃跑。

“我们发现死者的西服里有刘国华的名片，他是不是你的初恋？”

“是。”

“他死了多少年了？”

“十年。”

据说在朱丹被铐起来时，母亲突然清醒了，她扑在女儿和警察之间，以极其正常的语言号叫：“是我干的，是我干的。”

“是我。”朱丹说。

那老所长几乎像拎一只兔子那样将她拎开了，她便抱紧他裤腿，大叫：“是我杀的，我一刀一刀地杀，一刀一刀地剁，我将他剁得稀巴烂。”

“是我。”朱丹说。

此后母亲便像扎进没有终点的深雾，再没正常过。她曾经去看守所门口守候，但并不知道守候的是自己的女儿，是保姆牵着她去的。当囚车驰过时，朱丹透过铁窗，看见母亲甚至在笑，只是这笑容平淡而遥远，像是彼此没有任何血缘上的联系。这件事轰动了整个县城，甚至整个地区，每天都有许多人插着裤兜，来朱家门前，仰着头参观，有的人还掏出手机拍照。刘国华的亲属早就在这里贴满“血债血还”的标语，也拉上了横幅。母亲这时就像是他们中的一个，好奇地看着每一个细节，有时还用手抚摸白纸，用脑海里残存的对知识的记忆，念出一些字来。

案件在地区中院审理。出人意料的是，陈晓鹏忽然不顾母亲的指责，动用父亲及自己在政法系统的一切关系，替朱丹运作了起来。他请来一位名贯三省的大律师，那律师在法庭上只一句话便使审理进入僵局：“死者系服食大量安眠药自杀。我的当事人在死者昏睡后，探了他鼻息，才知他已断气。在慌乱中，我的当事人将他拖到床底，藏好。后来出于害怕，将他分尸，试图运走。如按照现在的刑罚，她构成侮辱尸体罪，但在当时，法律并未规定这一罪名。”

“胡扯。”

那本来就已闹过事的刘家亲属，在旁听席上鼓噪起来。法官这时敲打木槌，用一种长辈人的慈悲问：“被告，是不是这种情况？”

朱丹转过脑袋，看见刘国华的母亲正揪着一团白手绢，捂着唇鼻哭泣。哭着哭着，她用右手拇指和食指捉住鼻尖，清脆地擤下鼻涕，然后继续歪头歪脑地哭。在她大腿上有一张缀着白花的死者遗像。在意识到朱丹看她后，她站起来，大声说：“可恨这女子，这些年来总是到我家来，不是骗我儿子在广东，就是骗我儿子在福建，说是我儿子一定要赚可以买下一个县的钱才肯回来。你骗了我们多久啊。你这个骗子。”

朱丹说：“对不起。”

接着她转过来，对法官说：“我现在呼吸平稳，神态放松，医生说得对，当我转身面对恐惧时，恐惧便也如此。”

此后，公诉人要求出示证物。那两箱子白骨便被抬来，其中一只下肢还套着皮鞋，多数骨头被剁裂，裂口像开放着的喇叭花。“可以想见当时用力之猛。”公诉人说。

“这并不意味什么。你并没有证据表明此案系他杀。”律师说。

“我们有被告总共八份供述。”

“我认为我们还是应该重证据而轻口供。”

“被告，你自己怎么看呢？”法官这时又慈悲地说，他的态度引得旁听席上一片震动，一伙由刘家邀来的亲友拍起桌子来，纷纷批评起这世道来。却是这时听到朱丹说：“我要说是我杀的，你们就会判定是我杀的；我要说不是我杀的，你们也就很难判定是我杀的。我如今要说，是我杀的。

“你们可以知道，我家地板上有一块划痕，那是他皮鞋蹭的。你们可以看见他的鞋跟有蹭掉的痕迹。那是我勒死他时，他的脚在本能地往地上蹭。他喝了我泡过安眠药的茶水，睡过去了，我扯下电话线，缠住他颈部，勒死他了。当时他的脑袋靠着我这边肋骨，这块肋骨现在还痛。

“人是我杀的。没什么好说的。你们刘家提出要赔偿，我这些年一直在积，积了有七万，算是对你们的补偿。”

她说完后，现场一片安静。那刘母举起遗像，想说却不知道说什么，便摇晃着它。“别让我看到他，恶心。”朱丹说。在处决她前，她写了一封简短的信，说：晓鹏，你一定要相信我是爱你的，我一直就在爱你。我们的儿子属于你。

她在牢里一直跪着，死命地闭着眼，就像枪决在即，但最终她是被注射处死的。(感谢 C 女士为我讲述故事的雏形)

选自《春天在哪里》(2013 年)

作家的敌人

靠已经获得的荣誉安度晚年。

——爱伦·坡《辛格姆·鲍勃先生的文学生涯》

年轻人就坐在那儿。那是由当代艺术家狗崽设计的公园椅，隐喻着徐萍家的沙龙性质。平时，他们将它拖到牌桌旁，当茶船用。今日，年轻人就坐在上边，一只手搭在象牙色的扶手上。从手臂上可怕的瘢痕可以推算出，或许有一天他真的将什么心血投诸大火，然后急着去捞取。这只手捏着一只用红色绸带系着的只值几十元的烟斗（烟熄了很久）。左手的两根指头按压住腹部，暗示那里藏有宿疾。一双腿穿着滴过不少油水的牛仔裤，显得过于寒瘦，上身则穿枣色的保暖内衣，外面罩一件不知是谁馈赠的雪氅。

每个人进来时，都瞟了眼这怪物。简直是从菜市场拎回来的火鸡，他们将外衣放进衣帽间，用眼神交流着对此人的看法。而那看起来有四五十岁的年轻人，想必已度过初期的尴尬，正一劳永逸地摆着不卑不亢的姿势，坐在那里。只有手在微微颤抖，也许这是由严重的营养不良带来的。在一次接受采访时，一名类似的文学献身者透露了自己的食谱：

早餐：法式软面包 4 枚合计 80g、即冲咖啡 1 杯合计 150ml

午餐：法式软面包 2 枚合计 40g

晚餐：法式软面包 3 枚合计 60g、纯牛奶 1 盒合计 250ml

面包是成袋采购回的，纯牛奶则请小超市的人整箱送上来（需要热食的话就再添一箱方便面）。受访者说频繁吃面包是因为这样耗费的时间成本最低。从浪费时间方面说，做饭>出门吃饭>订餐>吃储备的干粮。“写作最忌讳被打断，有如做梦。”受访者说。在另外的报道中，我们可以了解到，南方一位获得曼亚洲文学奖的作家拒绝使用手机，而在清华任教的格非教授则取消了午餐。眼下的这名年轻人似乎也是吃多了干粮，你看他嘴角的胡髭还粘着面包屑。兴许就是因为吃太多这些东西，兼之精神焦虑，他的免疫系统才坏得不成样子（看起来是这样的，他是如此苍白啊）。间或，他会捂住嘴咳嗽数声，然后去观看一下纸巾中的血丝。

现在，他就处在这种大作已成的虚弱状态中，自从坐下去，就再也站不起来。然而衰竭中又满是踏实。他将打印稿交给徐萍大姐，瞧着她将它一一发给那些登门来混吃的文坛中人。他等待他们坐好，一只手端起茶杯，送到唇边，吹几口放下去，然后展开那文稿。那是过去一段时间以来他焚膏继晷、废寝忘食写出的作品。就像诉讼当事人等待陪审团给出意见。

窗户朝里凸起，木质窗框用砂纸磨过数次，但未上漆。徐萍认为这种未完成的感觉更好。用的是没上色的老式平板玻璃，又薄又脆，一共两组，共分八格，供上下推拉，它们时常蒙灰，这种稍稍蒙尘的感觉也是老徐萍所要的。如今，光线自玻璃窗射入，照在明显感到有点冷的年轻人身上。

在接到打印稿的同时，绑架就开始了。发到陈白驹（1961—）面前时，徐萍发现少了一份，这使陈白驹心里添了些被忽视的愤恨。也好，他摊开双手故作释然。当徐萍从别人手中取回一份并交给他时，他又做出一种最终没能逃脱奴役的沮丧表情。倒了血霉啊，他握着被卷成筒的文稿，掂量出应该有20万字。20万字，每晚夹着一泡尿水，慢慢写，慢慢改，一晚700字，得弄多少个夜晚啊。也因此，别说是批评了，就是对它表现出一丁点冷漠，事主可能都会记恨。虽说，每一份打印稿的封面上写着的都是：敬请斧正，可真要是细看，就会发现这四个字的背后藏着作者明白的态度：

奴才，来赞美吧。

对这些脆弱的写作者来说，他们写作的历程就是这样：

——自以为是地弄出一堆文字；

——搜刮各界人士特别是业界人士对它的赞美（最好是仰视或跪拜式的，灵魂上来点战栗之类的）。

总而言之，你表扬也得表扬，不表扬也得表扬。也因此，经常接到这类稿子的人都对废话进行了战略储备，以应付这些难缠的、歇斯底里的、疯狂的、容易记仇同时对荣耀又极为饥渴的文学界的恐怖分子或者说上访者。现在坐在大厅一角的这位，难说不是这样。陈白驹最怕别人这样半死不活地瞧着自己。

陈白驹总是劝徐萍少招惹这些水平可疑的外省文学青年。有次一位叫蔷薇虎的即兴诗人还盗走她的铜雕花圆盘，这是大家都瞧见了的，那么大的东西，她却让大家闭嘴，任高度近视的他将它搬出门。

这些货自命为天潢贵胄却管教不好他们的自卑，显得特别敏感和神经质，一批批的，遮蔽得天昏地暗，日色无光，堪比蝗害，陈白驹这样说。

你当初难道不是这样的吗。徐萍说。

陈白驹能说什么呢。徐萍还保留着她的母性。我到这儿是来喝汤的，可不是要读什么主张道德重返的现实主义巨著，他真想这么对她说。

徐萍从故乡，南方的莲塘镇，运来一尊一米高的圆肚瓦罐，将帝京的文人培养得喜欢喝汤起来。说起来也没什么诀窍，就是井水（一定要是井水，他们开车去密云农村运）配上莲藕、党参、雪梨、猪肚、排骨这些食材，慢慢地炖。越是朴实无华，越是饶有韵致，相比之下，粉蒸肠、啤酒鸭、狮子头都显得粗鄙不堪。早上，陈白驹有条不紊地给自己打领带时，就在惦记这个。他想到，在办公室随便坐一个上午，就去徐萍家，在她家享用午餐与晚餐。徐萍的先生是醉心于山水的画家，前年经不住劝，拿出一幅画进拍卖行，事后得到的收益管够徐萍买400年的菜。

徐萍，作为两家文学杂志的前副主编，目前醉心的事情只有三样，一是给在爱尔兰留学的儿子打电话，一是发掘可能还有的文学新手（就像周雁如发现余华），还有就是做菜。说起做菜，她常自比为暗娼。来自暗娼的勾引总是深入骨髓。在她的厨房里放着天平（她是这样的，对佐料的配放一定会精确到克）。她还用笔记本记录那些常客的古怪嗜好，比如对花椒的接受是四颗半，有的不吃蒜，有的爱吃猪油。她细心耕耘着他们的味蕾，使他们魂不守舍，一日不见如隔三秋，像驱赶不走的老狗那样三两天就跑回到这里来。早上，陈白驹像往常一样离开自己鳏居多年的二居室时，想到的就是这一天的美好。卡佛的诗《一天中最好的辰光》浮现在他眼前。那时他并不能预见自己当日会像落水狗一样归来。夜晚凄惶地归来时，他记不起挽在右臂的银灰色西装丢在哪里，应该不是在徐萍那里

（价值两万多呢，当初阿姨一股脑将它和别的衣服一起洗了，他怒问：你洗前不看标的是吗。结果阿姨翻出标来，显示是能洗的。他气得差点哭了）。大半个晚上，他都捏着自己的名片（上边写着他是中国小说学会理事，市作协、书协副主席、归有光文学院荣誉院长，师大文学院院长、博士生导师，《文库》杂志联合主编，袁枚奖、归有光奖、AND 诗歌奖终身评委），沉浸在一种想要去投缳自尽的沮丧情绪中。当他去卫生间尿尿时，发现小便淋漓不止，颇像狂风飘刮中的细雨。而镜中的自己，发根那里已白白一片。早上看还是黑的。

早上他意气风发。出门前鼓动两腮与唇部，用国外牌子的漱口水漱口，然后又在好一阵犹豫中拉开冰箱的门，伸出右手中指好好蘸了一块黄油。之所以用中指而非食指，是揩油的面积会大一些。“好吃极了。”每回陈白驹都这样，一边舔一边对着它忘情地赞叹。

两年前，或者三年前，如果没记错，陈白驹是见过这年轻人的。当时是在方庄的一家餐馆。说来奇怪，陈白驹能记得那一天的细枝末节，还是因为脏兮兮的包厢里有一个凶残的挂钟。它就像是在永恒地铡草，一边铡一边将碎掉的让人心慌的时间拨落一地。闷坏了。什么样的出价什么样的就餐环境。掮客春卅像领着待售的奴隶那样将年轻人领过来。“这是两届鲁奖得主。”春卅介绍陈白驹，然后捉起那拘谨的年轻人。他姓甚名谁，陈白驹已忘了，只记得春卅说：“他也是位写小说的。”此语一出，一团火便在年轻人的脸上腾腾地燃烧起来。不是不是，年轻人嗫嚅着，痛苦地摇晃脑袋。也因此，陈白驹当场就判断他一篇小说也没发表出来。

人都是这样走过来的，没有人一生下来就会走路。陈白驹斜睨着对方，想起最初的自己。

虽如此，可有些人到死还是不会走路呐。他接着想。

在春卅的张罗下，年轻人从帆布包内取出一摞打印稿。齐齐整整，边沿新得可以划破手。这些未能在期刊寻找到发表机会的文学青年，往往苦心经营打印稿。他们反复校对、排版，为标题是居前还是居中，字体用仿宋还是黑体而纠结（有的人不知怎么想的，会用哥特字体作标题，用的还是拼音而不是英文）。他们选择最雪亮的纸。瞧瞧，瞧瞧，掮客是这么说的，那些接过稿子的文坛前辈也是这么说的（嗯，瞧瞧，瞧瞧）。

因为过于局促，年轻人一直笔挺地坐着，手指搭在筷子上，自始至终没吃什么。有些人在席间就翻起来，每当此时，年轻人就紧张地望过去，有时眼皮是抬起的，有时则低垂着，人陷入失落的情绪中。而嘴角呢，始终保持着羞惭的笑。陈白驹觉得不自在。当然对这一伙长袖善舞的人来说，也没什么自在不自在的，有些人越是这样被看着，越是来劲（你看那唤作蒋併乡者，某刊副主编，这会儿掸烟也掸出一种姿态来，就像是医生在用手指稳重地敲打体温计）。

“唉呀，这是好稿子啊。”有人故意这么说。

好什么呢，只是随手那么一翻（就如为了达到动画效果而快速翻动书页一样），陈白驹便感知出对方的水准。比文盲好一点，准确地说，作者为了证明自己比文盲稍好一点，对每句话、每个词汇都实施了装裱。看起来像是还乡的打工妹，臃肿，妖冶。就有那么夺目、刺眼。虽说很久都没有实战操练几篇文字，但陈白驹对自己的评断能力或者说是鉴赏力还是深信不疑。知道何为好何为坏，并轻易走出坏的榜样所布下的迷魂阵（那些坏的东西就像是盛夏飞舞在农家厕所的长着金色翅膀的肥蝇），然后选择最适合自己的路子去写，是当年陈白驹能火上一阵子的资本。

这个年轻人是词汇的穷人。没什么幼功。他能认识到自己这一点，然而摆脱不了来自虚荣的诱惑。他开始往死里打扮自己。他所表现出的执拗与固执，一看还是说服不了的。他用词，不用走，用行，不用没有，用无有，不用也能，用亦能，不用都有，用皆有，不用为什么，用为甚，总之，是怎么别扭怎么来。有时他还会得意扬扬地用上一些“呵烘”“安惬融治”“蹚裂”“憨莽”“叶的臂展饶沃”“袭照”之类大家将将明白又在过去的文献中查无出处的词儿。怎么说呢，他写作的第一要务就是摆弄这些奇形怪状长着彩色瘤子的词汇，像是穷人晾晒腊肉。他自以为展现的是富贵，却不承想人们看见的都是荒凉与贫瘠。什么“擦过皮层的空气抚扫出无可名状的实在感，似被丰润的流质包裹、充满”“是将生活泥泽中咕哝发酵的菌种酝酿成一坛黯然神伤酒”“清明与深远就在这沸腾中”“造物主遣罪于殁亡之际又给我们淫欲的恩赐”“他（也许是她，他中有她，或者‘是她还是他’）耳窝里早已植下这名字”“风吹起如幻梦般破碎的流水之年，而你的笑靥闪晃，成为我命途中奔跑犀牛一般的点缀”“尼采在哀绝呼喊上帝已死后隆誉的酒神精神与超人意志的美学琼浆，重新在21世纪的金钱崩毁游戏中灌入上帝遣来的救世主唇纹里”。

这种令人恶心的节奏或者说腔调，

这种过于庸俗过于空洞就像是毛毯盖住一粪缸蛆虫的字句，

这种穷酸，

让陈白驹无名火起。他将稿子扔在旁边空着的椅子上。这种作者连起码的羞耻心都没有。散席时，他拉开名牌的包，将桌上的名牌手机、名牌眼镜、名牌名片夹还有名牌牙线盒逐一收进去，西服挽在臂间，一切都收拾好。他反复看了几眼，甚至掸掸座椅，确定不曾遗留什么，才走掉。那份就像阳光照在冰面上一样、闪闪发光的文稿，就留在原地。小伙子看着它，想提醒他，然而又没有。最后小伙子悄声嘟囔：省得再花钱打印了。（他得胜了，瞧，他都知道自己找台阶下去了）。陈白驹半举着一盒由其他客人捎来的茶叶，用脚推开那门。

士别三日，即更刮目相待。

——《三国志·吴志·吕蒙传》

这一次呈现在小伙子稿子里的，却无一处不合适。那些花里胡哨、可笑、像骨刺撑起皮囊、舍本逐末因而不值一提、当时想让陈白驹拎着对方的衣领叫对方滚的词汇或修辞，全部消失了，或者说，它们不是消失了，而是在一种新的、宽大的、又很严苛的秩序的安排下，奇迹般地生还。你甚至能看见这些语词在获得新生后泪流满面的样子，它们对圣父般的创造者感恩怀德。陈白驹打开文稿，一看开头，就被一种准错不了的感觉抓住。虽说这么多年来，他对年轻人的东西早已形成刻板成见，有时还没看稿就认定对方有很大的问题，不是结构、情节出了问题，就是语言和思想显得过于不成熟，而年轻人也差不多以自己的表现100%地证验了这一论断。今天，他和这些来到徐萍家的同行，心态都是一样的，就是准备无关痛痒地说上几句。他们懒洋洋地拆开系在卷筒稿纸上的红丝带，慢慢转动脑袋以缓解颈椎的压力，然后才拉开那总是止不住要蜷缩回去的全木浆A4稿纸。过去他们总是貌似认真地看上好大一会儿，场面异常安静，静得能听见人的吞痰声，就好像他们真的在潜心阅读，而其实他们的脑子什么也不接受。他们命令自己记住文中几个词（能记住完整的一句话最好），好稍后根据它们讲出作者目前所展现出的实力、风格、令人鼓舞的东西以及未来所据有的空间等。他们腹中藏着十万套废话。

今天，情况有变，至少是陈白驹，像中弹一样，死在了对方的第一句话上。整个中国很少有人能写出这样的第一句话了。这句话让陈白驹想起加缪《局外人》（在郭宏安、徐和瑾、柳鸣九、郑克鲁、袁筱一等人的译本里还数柳鸣九的流传最广）的开头：今天，妈妈死了。也许是在昨天，我搞不清。或者像奥地利作家奥斯卡·叶林内克小说《演员》（瞧瞧他们连标题都起得如此精到和节制）的开头：青年演员恩斯特·路德维希在得到一个角色的同时得到了他母亲病重的消息。这些开头使用的都是最平凡的字眼，然而却像“1”一样制定了万物的规则。像是神的预言。像是海面上显现出的尖顶，你能据此揣测出一座冰山所应该拥有的轮廓。你对将要发生的事、事件中人物的脾性以及他们注定得到的结局了然于心，然而这种了然丝毫不会减损你往下探索的欲望。相反欲望还会变得更加强烈。你会觉得作者的感觉真他妈对极了。你为自己能和这样一名富于极高理性、极强概括力同时又在细部拥有超凡敏感力的作家同行感到兴奋。你恨不能叩击他的墓碑，进入坟茔和他卧谈。

陈白驹将脑袋凑向压在镇纸下的文稿，以不可遏止的速度朝后阅读。此后所有的检阅毋宁说都是为了论证这一起初的评断：

准错不了。

与此同时，一股难以名状的痛苦从他的内心生发出来。不是作者出了什么差错，相反，是作者——那稳坐在一旁，几乎是揶揄地看着他们（是的，揶揄！）的人——奇迹般地，什么错也没犯。没有一个字不妥，没有一个标点不妥，没有一句话不妥，没有一个段落不妥，陈白驹发现自己根本往里插不进任何一个字，也无法从中摘落任何东西来。不可以再多，也不可以再少，即使是偶尔出现的错别字，阅读者也害怕去修改，因为正等你提笔要斧正时，分明又看见作者那猎人般的耻笑。他耻笑你自作聪明，上了他的当。在紧张的阅读间隙，陈白驹偷觑旁人，发现他们个个也似冰冻，正陷入巨大的惊愕中。啊，就像狂信者见到圣子的裹尸布或者佛的舍利子，就像山区的人望见大飞机，就像在王府井大街看见史前灭绝的有两层楼那么高的动物。了不得啊，他们感觉自己的双手都快承托不住这稿纸了。有一两个原本不打算看的，这会儿也奋起直追，不停地移动眼睛，一行行地看下去。女主人徐萍兴奋得不得了，忍不住尖叫起来。我说吧，我说吧。她走来走去，不停地走来走去。

出于一种恐惧，就像行夜路的孩子情不自禁地闭上双眼，陈白驹合上文稿，以为凭此就可以躲开那种优秀对自己的折磨。然而徒劳。在合起来的纸张内，那些不同脾气的人物及他们之间注定会发生的事情还在有条不紊地朝前运转着，就像装了什么神奇的小齿轮或有魔力的大转盘，就像是上帝已然撒手不管的漆黑宇宙，自有其永动的秩序与规律。这实在是太瑰丽太可怕太恐怖了，简直是超越于自然的巫术。这种人物与事件在读者离开后仍然自我循环、自我运转的奇迹，以前陈白驹在格非教授的短篇《迷舟》以及列夫·托尔斯泰的长篇《安娜·卡列尼娜》里领略过，如今他又在不知来历的青年作者这里再次看见。他们是在虚构，然而虚构出的东西却比真实世界还要坚实，伟大，还要不可磨灭。

如果我只是一名读者就好了，去年刚斩获黑斯廷斯奖的陈白驹想，我就可以单一地、纯粹地来享受这伟大的作品了。这种阅读的快感如何形容呢：就像赤身站在刑房，栗栗危惧于狱卒甩下浸水的鞭子，又对此极为渴望。啊，年轻人，只用了三年，或者说是两年，就达到他陈白驹几十年梦寐以求想达到却怎么也达不到的境界。就完成了他的梦想。那所有的文字都是陈白驹想要，想据为己有，想捂在胸口反复抚摸的。在过往的某一天，在大病一场之后，陈白驹理智、清醒或说是无奈地中止了这一对理想文字的求索，他判定以自己的资质不可能完成这样的作品，放眼望去，整个文坛谁也不能，而且以白话文目前发展的态势看，怕是五十年内也不会有人完成。然而今天他却实打实地瞧见了。如果我只是普通读者，我就可以无所顾忌地投入这干净、透彻、带有一丝甜味、像一堆堆银鱼飞来、似乎是由南方作家福克纳亲授的长句子中，一边读一边放肆地哭泣，然而我不是。我是一名和他一样的写作者。陈白驹痛苦地闭上眼。

那些打定主意来徐萍家混吃混喝的，此刻和陈白驹一样痛苦。今天来的恰恰都是些诗人或小说家。所幸没来什么以领养和占有新人为己任、就像是生意人的职业批评家，要不然他还不得大喊大叫，将这一可怕的消息满大街地宣布：天才！我们这个时代最伟大最为欠缺的天才诞生了！毋庸置疑！他们面面相觑，就像一伙贼，心怀鬼胎地围在一起。他们关心的不是对方的前途，而是自己因此要被大幅削减的影响力。他们感觉自己一下子置身于无足轻重的位置。太屌了，屌爆了，简直是屌炸天，他们仿佛听见别人一边这样称赞年轻人一边疯狂地朝其拥去，而他们只是被当作一名被问路的圈内人（就像在传言中，文学青年纷纷拥入陕西省作协，向尚不知名的陈忠实打听路遥在哪间屋子）。用不了多久，普天下流传的都将是年轻人的名字，传唱的也是他的文字，他将盖过余华、莫言、高行健、哈金、阿城、耶利内克、凯尔泰斯·伊姆雷、布勒东、科塔萨尔、凯鲁亚克、巴尔加斯·略萨、雷蒙德·卡佛、耶茨、麦克尤恩、波拉尼奥、乔治·奥威尔这些文学史上尚不牢靠的名字，混进奈保尔、吉卜林、马尔克斯、胡安·鲁尔福、弗兰纳里·奥康纳、巴别尔、霍桑、坡、菲茨杰拉德、梅里美及卡夫卡的序列，不，这还满足不了他的野心，也满足不了那些批评家的胃口，说真的，就是将他保送进雨果、福楼拜、塞万提斯、托尔斯泰、陀思妥耶夫斯基、歌德、斯丹达尔、莎士比亚、但丁这样的巨匠体系也不为过，他们拥有共同的特点，就是在高度上极度接近上帝，又在广度上覆盖整个人类。这并非没有可能，毕竟你还没找到它有哪一点不像名著的地方，你还没找到它有哪一块显得不结实（关于它是不是一部只是带来短暂阅读快感的伪经典，他们已做过多次检测。对他们这些有皮有脸的人来说，最怕的就是在冲动之下将赞语送出去，然后眼瞧着它每日减色几分，最终露出贫瘠的本来面目来。往昔，他们总是在受邀看过电影的首映式后，未加反刍便妄加赞唱，反而让那些后知后觉的观众笑掉大牙。有一次他们在醉酒后盛赞一篇据说是由一匹文坛黑马写出的代表作，酒醒后便后悔无及，后得知那果然是好事之徒在测试一种叫“小学生作文速成”的写作软件。其实检测一部作品是不是尖货很简单，就是闭上眼睛想几天后或者几个月后自己还会不会这样激动。只要这样冷漠地等待一会儿，那原本可疑的作品就会把持不住，露出自己的平庸来。现在他们反复计算，确信自己的判断并没有受到冲动或狂躁的影响，它就是比《白鹿原》《废都》要好上几倍)。这会儿，从孤独的公园椅那边传来试图起身的响动，想起身然而未遂，又坐回去了。年轻人诡异地笑了一下，抬起眼茫然地望望天花板，然后继续一动不动，悲伤地坐在那儿。陈白驹为此打了一个寒噤。他想到自己迟早是要与对方再次打照面的，这次去面对时，他已不再是什么文学圈的看守了，而仅仅是一名给大师提鞋都不配的羞惭的门外汉。他口干喉燥，没办法掩饰那现在就已经到来的两腮通红，并且一次也不敢去瞧那坐在角落的对方。他心态复杂地感受着这贫寒又伟大的人，感受着那由很差的身体传导出的囫囵的呼吸声，不敢相信自己与对方竟然同处一室，紧张得就像一名歌星的粉丝。而对方呢，像是泥壳包裹的皮蛋或者薄膜覆盖的树木，还不知道自己的本来面目，还不知道自己是这世上最为罕见的人物之一，是神呢。他（那年轻人）正半是羞惭半是赌气（赌气是为着提前迎接他们的奚落）地坐在那儿，并不清楚，作为阅读者之一的陈白驹，心里此时正大片大片地淌血呢，而自己作为翱翔于天空的巨翅鸟，早已用阴影遮蔽了他们原本安然享受的暖暖阳光。他还在紧张、忐忑、惴惴不安，然而又控制得很好地等待来自他们可能是差评的评价。

该怎样去评价这位已走到房间来的神灵？在阅读过全文的 1/4 时，他们都忍着不说话（往昔看完电影或话剧，他们总是彼此相问：怎么样），都不甘于将自己此时的真实心态交出去。此时无论是吹捧还是攻击，都无法掩盖住他们内心强烈的酸楚。唯愿他早点死！陈白驹从他们沉默的脸上（痛苦像闪电一般走上面擦过）读出这样切齿的话，不不，最好不要马上死，因为早逝恰恰会放大一个人的声名。最好让他活下去，用酒精泡着他，泡软，泡松他，将他泡成一个比庸人还平庸的人，泡成一个连文盲都敢哂笑的反面例子。有的是比自己还按捺不住的人，陈白驹想自己永远也不要第一个出手，就让他们先嫉妒起来吧，眼下要做的就是借用别人的嫉妒来掩盖自己的嫉妒，就让那些迫不及待的人去咬死他吧，咬死他咬死他，咬死。陈白驹这样想时，用余光偷看年轻人，后者就像死了一样，脸上呈现着那原本只应雪莱、济慈、切·格瓦拉才有的衰竭样子。按压腹部的手指已然乏力。唉，吃多了成都小吃、桂林米粉、沙县小吃、驴肉火烧，经历太多地沟油的洗礼，只是为了恢复战斗力才去睡眠，屋内贴满备忘的纸条（到处加满粗暴的感叹号），身体不差才怪呢。陈白驹想起自己当年最疯狂时，曾经在长考写作中的一处梗阻时，陡然吐出一口鲜血，他对着它发怔良久，竟然忘记它从何而来，拿起笔潜心描摹，将之当成是剧中人怨愤的表现。而现在呢，现在这个陈白驹，已经用健康交换走伟大，用的是红木书桌，整整

一上午待在那儿，却只是对着那光滑的桌面梳头。除开将几位女性抱着肏出胎儿来，他在这儿什么也没播出来。他回想自己一生只写出一部反响不错的长篇，接下来的两部等而下之，没有获得评论家的持续关注。当时情况如此：只要是推动一下（比如召开研讨会，发车马费），关注就来一下，否则就死如灰烬。陈白驹将三者勉强凑成三部曲，找出版社出了所谓的集子。当然他也写出不少连自己都瞧不上的短篇。因为名气，是的，不知怎么就积累起来的名气，而不是作品，他一步步混迹到现在，当上文学院院长，并在多个协会任职，每次印刷名片时都要挑落不少不那么紧要的头衔。他现在的生活逐渐被

观看画展、舞剧、话剧、电影首映式

参加文联、作协、出版社、政府甚至新浪这样的网络公司组织的会议

参与各类文学奖、一些学科项目及一些杂志重点稿件的评审与终审

等等事务，给塞满了。

他用最新款式的手机，用里头的记事本管理着这些事务，那些识相的年轻男女总是凑过来，装着好奇地看着他拨拉屏幕，啧啧称赞，说驹叔您可真时髦。他喜欢这些孩子，他对此感觉良好。到哪里都有吃的，自助餐，西餐，中餐，中西餐结合。他的肚腹因此愈来愈大，再也望不见交合时彼此迎送的性器。他对性欲的追求也不再是射精，而只是满足于将阳具停留在对方年轻的阴道内。这就够了。早上，他就是带着这样一种满足感出门的，他感觉一切好极了，然而，在这享受的终点，在这飘荡着美食鲜味的厅堂，他看见那原本只应该在噩梦中出现的敌人，或者说：给他敲响丧钟的人。年轻人十分凄惨地坐在那儿，就像陀思妥耶夫斯基一样令人作呕，又令

人害怕。陈白驹看着他，就像看着一面镜子，他无法不审视自己，他意识到这些年来，自己的创作能力其实已永不可逆地衰竭了。就像绝经的女人。他开始埋怨自己有一张比床还大的书桌，埋怨这温水煮青蛙般的富足生活，开始憎恶自己在签字时使用的是一支7000元港币的钢笔——这些有什么用呢——你还写不出这孩子的1/10。其实他早已意识到这种灵感与技能的消失，他曾找马原打听，马原告诉他人工光比自然光要好，后来马原还实践用口述的方式来写，即作者说弟子打在电脑上，然后投影到墙上。陈白驹照这种方式实验，却发现他和马原一样，都未能召唤回当初的自己。现在，他感到老本吃完了，好日子过完了。他甚至在幻觉中看见年轻人走过来，交给他一份皇帝的任命书，然后耐心地退到一旁，等他交出意味着权势的钥匙与公章，并离开过去很长一段时间属于他因而使他误会自己对此拥有所有权的红木桌椅、办公室以及服服帖帖的仆人。在比自己小几十岁的年轻人面前，陈白驹窘迫如热锅上的蚁子。如果是年轻人有意来赶自己走就好了，那他就可以指斥这是一场针对自己的不公的阴谋，是一场蓄意的夺取，然而不是，年轻人表示来这儿并不符合自己的意愿，是天意要他如此。

> 27岁，让人艳羡的黄金年龄啊，一个爆发的年龄啊：
> 欧内斯特·海明威写出《太阳照常升起》；
> 阿尔贝·加缪写出《局外人》；
> 约翰·斯坦贝克写出《黄金杯》；
> 川端康成写出《伊豆的舞女》；
> 奥森·威尔斯已经在反复享受自导自演的作品《公民凯恩》。

“我想，我们还是应该一起过去，无论从哪个角度说——”最终，陈白驹意识到众人沉默，还有一个原因，就是要数他最为年长，理应由他先发声。就在此时，角落传来一声闷响，是年轻人扑倒在地，公园椅跟着倒了。众人愣怔着，看见这陌生人有如中毒，脸色铅青，上颈部连续鼓涌着，呕出漆黑的血来。他就这样死狗一般扑在地上，凄惨又充满敌意地看了一眼他们，用雪氅上的毛领擦了一下嘴角，昏死过去。大家慌乱地冲过去，又颇富自知之明地止步于外围。徐萍抓着急救包，心急如焚地跑来（这是所有人第一次见老妪她如此奔跑），她将年轻人抱入怀中，探察鼻息，掐人中，而后让保姆解开年轻人裤带，自己用剪刀剪开他那闷坏人的内衣圆领。她心疼地叫唤：崽嘢，崽嘢，我崽嘢。她就这样大颗大颗地出眼泪，悲惨地呼唤，试图唤回飞逝而去的伟大流星，让开始凋零的昙花复还。

陈白驹趁众人惊魂不定，悄然离开徐萍家。他对抢救毫无经验，也不愿掺和此事。也许只是饥饿和营养不良引发晕厥，不过从吐血看，也可能是由重疾带来的休克。他就这样搭乘出租车，和奔驰而来的急救车相向而行，回到家中。一路上他都无法原谅自己：在这仓皇的逃亡途中，他还不忘扯走女主人留在门前烘烤着的半张煎饼果子，另半张尚粘在煎饼炉上。他把它吃了。吃完还吮舔指尖。就像小偷忍不住还是去偷，赌徒忍不住还是去赌。这种难以遏制的食欲再度无情地发作，进一步论证了他是这场文学较量中平庸的那一方。

他仓促埋怨着徐萍家的多金有钱。要多有钱，才能在寸土寸金的大都市拥有一间像农家院子那样的大宅子啊。院内还移植了一棵不知年齿的老树。然后在将钥匙插进自家居室的锁孔时，他想起那件在途中就隐隐不安的事：他还不知道年轻人的名字。他不记得对方的名字，只是记住那文字所带来的刻骨铭心的感受，比如只要闭上眼，就意识到有一滴闪光的水珠正从发黄的岩壁滑落，或者看见青苔掩盖下的蚁路有一谨言慎行的蚁子正在耐心等待猎物，或者在某个女人的魂灵起身离去时，整个大厅黑了一半，她留下鸟粪一样经久不散的腥味。伟大、令人发狂并且是终生不可磨灭的感受啊。然后他记不起来那件 Brunello Cucinelli 西服遗失在哪里，原本挽着它的右小臂空空如也。他匆匆推开自家的门，大步走到书架前，翻开自己的作品就朗读起来：

如果上天有帝，他擦拭慈悲的双眼往下看……

只读了不到十句他就为其中的笨拙哭出声来。他将自己的作品一本本地扯拉下来，坐在地上，悲伤地发呆。他这样发呆时，荷马、维吉尔、薄伽丘、普希金、巴尔扎克、大仲马、狄更斯正驾驶着金色马车轮番从墙壁上跑过去，后边跟着新晋的年轻人。此时，这病人脸色正红光着。一切得其所哉。

选自《情史失踪者》（2016 年）

肥　鸭

去过河边的人，都会对细老张——在递名片时他总是说请叫我张镏龄经理——那过于严肃的神态留有印象。他的脸年轻时是苍白的（他对此应当十分珍惜），现在蜡黄得近乎透明。整张脸又窄又长，两侧长着一副便于提拉的耳朵。因为老是将上面覆盖着一层褐色胡髭的上嘴唇向下紧扣着（里头的牙齿就像是在嚼着一粒芝麻）、长着一只类似白种人的弓形鼻子以及谢顶，这张脸显得更长。在高耸的眉骨下方，隐藏着一双鹰隼般的眼睛。它们总是一眨也不眨、毫不气馁地看着你，使你不安，止不住要对自己左瞧瞧右瞧瞧，有时还会瞧向后边。纵然是在夏天，他也会穿两件衣，里边的衬衣领子是白色的，紧紧扣着，透不过气来。外边是一件过膝或者快要过膝的风衣。他让人想起西方小说里的僧侣、法官或者什么便衣，身上散发出的阴沉气息，使人胆寒。

靠近他就像靠近遮天蔽日的黑暗森林。

好些个小孩，平素无法无天，无所顾忌，一旦临近他，就提前噤声，紧抓着大人的手或衣角。其实呢，稍微熟知他，就知道他并没个卵用。他是走农村出来的，加他一共是十兄弟，十兄弟里只有他通过做民办教师又通过到教师进修学校深造进了城，后来又经营起这门和几间学校有业务往来的办公用纸批发生意。以他的智慧，他根本没办法分析出究竟是什么原因导致了他超越了自己的兄弟，因此他就将自己过去出现的所有脾性都保留下来，以之为成功的要素，发扬光大。就像意外痊愈者，不知道究竟是哪一味药拯救了自己，因此将所有的药都抓回来，不加判别地服用。沉默就是这其中的一味药。而通过对他人的观察，他也发现，保持这样一种一言不发的姿态确有利于营造一个高深莫测的自己。人们对他心生疑畏。有时他将双手朝风衣的插兜那么一插，也会产生幻觉，以为自己就是一位可以对他人随意下达判决的大人。

实际上他能控制的，也就是自己家的几口人（也不能完全说是控制，有时不过是因势利导、因人制宜，比如两只大公鸡不能关在同一只笼子内以免它们啄光彼此的羽毛，一年中大多数时候他都会将母亲与妻子支开，以使她们能在相聚的少数几日做到相敬如宾）。

其中，妻子与儿子作为嫡系，随自己居住于河边水木蓝天小区按揭而来的两室一厅。儿子就读于37公里外的九江市外国语学校，周末返瑞昌。妻子是农业户口，同时是文盲，这迫使她自认为是罪人，不敢在生活中发言（特别是一想及正是因为她，两个孩子一出生就是农业粮，在同学间广受嘲笑；虽则细老张后来还是替姐弟俩一一买来商品粮）。她甘于充当丈夫的下人，爨濯之余，还负责骑三轮车去仓库拉货，送往客户指定的地方。有时使用两轮的手推车。

母亲与女儿仿佛旁生歧出，居住于城北鸡公岭那由细老张一进城就借款买下然而直至今日仍未通自来水仍然分文不涨的商品房。此地大概有2/3的房子无人入住，因此也就不贴瓷砖，血红的砖块裸露着（砖缝间的黄泥早已干裂），就像肌体被褫了皮。有的外立面，别说没有装上窗户，连窗架也没装上，就是扯着聚乙烯彩条布随意遮挡着。有些干脆裸露内部，锈迹斑斑的钢筋像是野草，从地

上、墙上冒出来，内墙因为曾有拾荒者做饭而被熏得漆黑。暮色降临后，打这里抄近路去火车站或从火车站归来的人面对它们有如面对遭受炮火攻击的废楼，总是感觉悚然。

人们管细老张的母亲叫张婆，在乡下都叫她火金娘，然而进了城，便得按城里的规矩叫。考虑到大家已经叫她河边的媳妇为张姨，于是便叫她张婆。张婆一共生男丁十口，自身体质可谓超群，自打丧了偶，便无法安放大把的余生，毅然来到县城寻觅自己的第七个儿子也就是细老张（自老七之后都唤作细老张，人们如何细分他们又是一门技术，此处不表），以过上她娘家人可以说是十几代都没过上的城里生活。她是先斩后奏来的，来到鸡公岭后，就在上锁的门前坐着，大汗淋漓，直到儿子寻来，对着她长长叹了一口气。“也好，你就在这里给瑞娟煮吃。”她的儿子说。

于是，细老张将原本与自己住在一块的女儿瑞娟支到奶奶那一块住。往后，半个月或一个半月，因为要将一箱箱的打印纸与复印纸运来或送走，细老张才光降一次这兼做货仓的商品房，分别给婆孙一点钱。瑞娟总是怕丑怕到窘促的地步，有时，细老张什么也没说，她就快步走掉，在远处蹲着，背对着他啜泣。细老张是个溜肩（要不怎么喜欢穿带垫肩的风衣呢），小时候的女儿则背阔腰圆，一旦哭起来就像是个大面包坐在那里哭泣。有好些回，细老张几乎可怜起自己这怪异而遥远的血亲来，想过去鼓励鼓励她，比如拍打她的肩膀，说：“眼下这漂亮的丫头是谁家的闺女啊？”可是某种根深蒂固的东西劝止了他。我想有一天就是他的女儿跟随失控的马车飞坠向漆黑的深谷他也不会挪动半步，顶多痛苦而无声地张大嘴巴吧。每次当他从运纸的金杯小货车上跳下来，他那矫健的老母总是摇摇晃晃走来，当着孙女的面，告孙女的状。他从话语中听到太多夸大其词的东西，忍不住心生厌恶。他总是象征性地教育一下面色通红就要哭出来的女儿，并不知道自己一走，后者就会眉开眼笑，一会儿提起左腿，一会儿提起右腿，像马驹一样一蹦一跳，与等候多时的伙伴会合而去。某日，二小的班主任突然找到他，揭开一个让他感到愕然的谜底，就是他的女儿其实是个出勤率不足 50% 的问题学生，这不今日又不见了。他们在铁路坝那里寻到她，她正和隔壁班的同学梁练达手拉手站在铁轨上，面对从远方驶来的运煤车，歌唱：

青青河边草
悠悠天不老
野火烧不尽
风雨吹不倒
青青河边草
绵绵到海角
海角路不尽
相思情未了

她们是分两个方向跑的。因为这事，细老张将对女儿的管辖权彻底让渡给母亲——那仿佛等候多时的乡下悍妇。这就对了，将她交给我就对了，还没有我管不落地的人，老妇低着头，盯向儿子，胸有成竹。

光阴似箭日月如梭。这样一件恐怖的事情发生后，死者张瑞娟已被火化多日（有说她被推进炉膛时整个人还处于俯卧姿态，工人持尖刀熟练地戳破她的尸身，而后提起一桶柴油，晃荡着将它们浇洒在上边），人们记住的还是她作为少女被祖母驱赶回家的场面：后者像鬻牛者一样，手持秃了尾的鞭子，每隔数步，准时抽打一次前

者的后臀。而前者总是在挨上这一鞭时龇牙咧嘴，像触电一般猛然抖直身体。鞭笞并不因为前者表现出顺从的态度而有所减少。起码有四年，鸡公岭的邻舍都习惯在正午或傍晚，听见这自远而近、重复发生的啪的一声。他们甚至能凭借声响猜出鞭梢在空中甩出多大的弧线。鞭打并不让老妪感到轻松，我的意思是说，有很多次她眼见着都要听命于慵懒与疲乏，准备放弃这一行动，然而为儿子管教好孽障的责任感，又促使她振作起来。有时人们能听出鞭打其实源自老妪内心丑陋的欲念，有时能听出是她在报复以前孙女对她的无礼（在细老张没有明确她的管辖权之前，做孙女的，总是将自己视为与生俱来的城里人，带着对乡下人的嘲讽，毫不示弱地与她争辩）。有时又什么深意都听不出来，只听见鞭打本身，就像它是一项古老的需要人去服从的风俗（譬如人类鞭打牲畜，地主鞭打在田地里工作的农奴），就像下雨。雨季来了，开始连续十几天地下雨，人们不知道为什么下雨，为什么不下。鞭打的声音猝然停息时，人们甚至惶恐（当然这只是一种不很重要的惶恐）。有的人走出去，看鞭子为什么不继续落在少女身上。“我喝口水啊。”老妪说。她并非要解答对方的疑问，而只是作为一个不识丁的闯入县城的农妇，向当地人积极解释自己的行为。喝得差不多，这名解差就会摁好盖子，重新背起塑料斜挎水壶。有时，身为祖母的她也会扯着少女那自其父亲处继承下来的易于撕扯的耳朵，一路扯回家。血滴在路上，少女偏着头，双手紧抓老者行凶的手臂，发出撕心裂肺的喊声：“我姨，我姨，我姨啊。”（只有在此时她才会采用姨这种方言里对妈妈的称呼。多数时候她对自己的妈妈沉默，她没办法叫不会普通话的后者为妈，也没办法说服自己叫对方为姨因为一旦这样做了就等于是向众人暴露自己丑陋而惊心的出身）。

“你这样会把你孙女的耳鼓撕落啊。”有时人们会停止打毛线，忧心忡忡地提醒。

“撕不落的。”张婆说。

“你看她就像猴子一样紧紧巴在我身上。”接着她补充道。

瑞娟一旦回家，张婆就会走里闩好门。有时只见张婆一人出来，走外边拉上黑色的栓条，将之插入插孔，然后去打牌（在乡下她只会打老牌，然而一到县城也就看了两把她就学会麻将）。房屋深处时常传来女孩凄厉的喊叫。张婆是古怪而细致的行刑者，为了显示决心，她特意去停车场让小客司机帮她从乡下带回那只沾染过她十个孩子鲜血的由硬芒编制成的炊帚。那原本是用来洗锅、刷灶以及清扫桌面积尘的。有时的夏日，餐桌上放着一只阻隔苍蝇的绿色纱罩，纱罩外就放着这把编扎得很紧的炊帚。它将她的十个儿子，如今则是孙女，抽打得浑身伤痕，一道一道，像是耙子耙过。有时她使用一根短棍，照着少女小腿迎面骨不停攻击。人们时常听见老妪那烦躁、急切然而又不厌其烦的对孙女的教育：

> 你今天必须认错——不认错就不许吃饭——就不许离开这里半步——就一直站着——站到明日早——听到没——长耳鼓听到没——我叫你认错呢——别装可怜——别叫你姨——你跟你姨一个样——快点认错——听到没——别用我听不懂的话瞒我——说我听得懂的话——晓得呗——别像蚊子那样说——别想就这么蒙混过去——你在说什么——大声点——我听不见——你这该死的我听不见听不见

惩罚结束后，瑞娟有时愤怒不过，会扑在床上啜泣（并睡着），有时被迫去摇水。在羞愤中，她摇动水泵的手柄，这么干摇五六次，才醒悟过来，从水缸的存水里舀出一大瓢喂进内壁长着绿苔的水泵，让皮碗吃进去，并马上摇动手柄，这样，水才会从地底深处被抽上来。完成这个工序需要精神上的专注，因此瑞娟总是在干完这事，看着银光闪闪的水哗哗地冲进水缸，才继续自己的哭泣。还有时，少女像是中蛊，热情而激动地奔跑着，找到仿佛阔别多日的祖母，俯伏在地，极为悲伤地喊：婆，我错了，我知道错了。

她双手紧握祖母的小腿管，嘴唇颤抖，口齿大开，上气不接下气。有时猛咳起来，因而不得不急速地捶胸。她就这样不知羞耻地任自己在地上滚出一身灰，可怕地忏悔着。然后就像领到一张抵用券，她走出家门，对着路边停车那白得发亮的车窗端详自己，处理掉受辱的痕迹，掸掸衣服，找到在人工湖边上站立的密友，一起聊天起来。在父母、祖母面前，她谨小慎微，不爱说话，有时十个字吃掉五个字，在这些年龄相若的姐妹面前，她却表现得出奇的聒噪，从她嘴里不断冒出俗谚俚语以及男生才会使用的尽是攻击女人生殖器的脏话。“她妈的瘪。”肥鸭总是这样说，那些同伴后来在回忆生前的她时，这样说，或者说，“戳你姨的老瘪。”她们总是三个人或四个人围成一圈，大肆评议周边的人事。这种像是由几只鬣狗举行的宗教聚会仪式，总是让我忧伤。我记得我在瑞昌市（是个县级市，我上次在小说里写成瑞昌县，有本乡读者专门来函要求更正：请记住我们是一个市，不要自轻自贱）生活时，总是能遇见这样的群党，有时她们还会抱着婴儿加入，她们三四个小时三四个小时地围拢在一起，用手遮挡着嘴巴畅谈。有时一天过去她们还在那儿。有时一年过去还在。有时六七十年过去，人都白发苍苍了，她们还在。这是她们的日课，是对荒凉生活的一种抵抗。

有一天，张瑞娟自初中毕业。别人是 16 岁毕业，她是 17 岁。她没去看中考成绩，细老张也懒得问（难道这不是已经注定的事情吗，能好到哪去呢），倒是她的班主任，总是不安（像是顽童无法容忍地上还有一颗引线完好的鞭炮不被引爆）。她致电细老张："你女儿考了126分。"

"126分？"

"对啊，总分126分。"

"她考126分不要紧，只要她弟弟能考621分。"以后，在向人转述此事时细老张展露出他毕生仅见的幽默一面。他仿佛早等到这一天，在距鸡公岭不远、就在一中前边的求知路，给女儿赁下一处门面，挂上广告设计中心的牌子，干打字复印的活儿。"打字你总会吧？"他说。"打字我会。"他的女儿说。这一年他的母亲张婆摁了一下浮肿的小腿肚，发现凹陷下去的地方许久没有复原，因此就找到他再摁一次。"我再也做不得事啊。"她说出心中早已准备的话。城里人到她这年纪早退休了，什么事也不管，衣来伸手，饭来张口，享受子女的供养。为了得到准同于他们的待遇，她预支出自己进城的前六年，照顾瑞娟饮食（虽则一天只做一顿午饭，早晚都是吃剩的）。她认为自己做得可以了。现在无论怎样，都轮到自己享清福了，就像歌里唱的：你太累了，也该歇歇啦。她睁着那迎风就会流泪的眼眶通红的眼睛，紧扣嘴唇，脑子里准备好迎击的话，看着自己第七个也是最软弱的一个儿子。后者闭上眼，思考片刻，做出连神儿乎都要称妙的决定："从今往后，瑞娟就给你煮吃。"

此后，每到上午11时30分，青年张瑞娟便骑着从打字店隔壁赊来约定分期还款的电动车，风一般返回鸡公岭的家，给祖母做饭。此时，后者已经提着裤带，哼叫着在邻舍处走动。"我今昼又屙血了啊，屙了这么多。"她比划着，以增加她不再在灶下服役的合法性。人们，包括梁姨、艾姨、温姨、陈姨，事后都说，这一场所谓不能再碰油烟的病，是由她的心愿进化而来的，她张婆不想再做饭了，因此身体上也就出现这种不能再做饭的病（在火车站边开诊所的邹火权大夫是这样说的：老人家你最好是少做点事）。以前，为了让自己的筋骨舒服点，少劳动点，她会草草做掉一顿饭，随随便便打发孙女，同时也是随随便便地打发自己。今日她发现孙女也是这样对她。有时她刚吃完，孙女便抄走她的不锈钢碗，打洗洁精，在污水桶里抹几下，再在干净桶子里汰净，总计费时 20 秒，便算是将一切收拾停当。老人家时常忘记自己当日的刻薄，敲着桌子责骂，这时她的孙女便帮助她回忆起来，有时回忆能精确到是哪一天。“何况，我跟你吃的也是一样的。”孙女说。当年，老妪对孙女说的也是这样。一切似乎达到极致的平衡，这种平衡不偏不倚呈现出数学的对称之美（正如博尔赫斯在短篇《永生》里阐述的：由于过去或未来的善行，所有的人会得到一切应有的善报，由于过去或未来的劣迹，也会得到一切应有的恶报）。

有时，张婆会饰智任诈，向儿子暗示孙女的行径，得到的却是对方的冷嘲。

到最后，张婆能作为的便是看好钟（有时她会咨询听收音机的水电系统退休老人老王），看孙女是不是准时回来做饭。她自思在这一点上自己当初是问心无愧的，虽然饭做得不好吃，却从无一天不是按时做的。因此每近中午，她的情绪便开始激动起来，总是在预设孙女不能按时归来，觉得自己要受到孙女的忽视，或者说是虐待（迟早会的，她这样向邻居倾诉）。她不承想，那做孙女的更是以此为负担，每日唯盼能早点做掉这顿中饭，好早些回到属于自己、属于年轻人的世界。在那里她这样议论祖母：“牙不好，吃什么都嚼不烂，也不知道什么时候死，早年刊（生）那么多伢崽，刊（生）十个唉，都是男伢儿，你说要死不，一个妇女刊（生）十个男伢儿。”

她也会议论别的，比如，骆驼户外最后一天打折都打折十年了，以纯也卖男装里边空间大舍得烧空调，金凤呈祥的牌子不知是不是抄袭金凤成祥，迪信通一样卖水货，还有药店招有责任心人士夜间售药可是工资开得那么低。不过能议论的有价值的东西并不多，一季度也就五六件。直到有一天，瑞娟自己成为谈资。

一个叫开锁匠的男子，占有了瑞娟的初恋。知道这事的人都认为这是一场骗局，可怜的刚出学校的姑娘还不知道自己面临的是百尺的深渊呢。他是在“集邮”，对象包括铸造厂的聋哑人以及在遥远林场上班接了义肢的老会计，可能也包括像瑞娟这样得了什么皮屑病以致肤色呈岩灰色（或者说是贝色）的活尸。还有人说，他长年向广东那边供应小姐。

“你喜欢我什么呢？”有一天，女方这样去逼问他。她最不满意的是自己的眼睛，相隔太远，差不多没有睫毛，眉骨上也无眉毛。别人都在说，在回答这个问题时，男人的眼睛骨碌碌地转，是在当着她的面思考。

“你还是有可取之处的。”他说。

“那么它可取在哪里呢？”她说。

“嗯，就是有可取之处。你不要管这些，你知道我喜欢你就是。”他说。

人们以为瑞娟会离开词穷的男人，然而他们的关系却延续得极为漫长。有时他会说些“骨中的骨，肉中的肉”之类的胡话，在说话似乎不足以表尽忠心之后，他给她送去一些在小城比较罕见的东西，比如 COACH 的包和 ECCO 的皮鞋。在最初拥有那只珊瑚红色荔枝皮手提包时，她 24 小时背在身，不肯离手，并总是在街上炫耀性地行走。我就是在这一年偶然回到瑞昌时，看见她的。我路过求知路，向南去寻觅出售马桶的店铺，她相向而来，爬上我正下去的坡

道。她按照粒数一粒粒地吃饭，身体瘦得不成样子，胸口露出的肋骨使人想起烧烤用的篦子，一格格的铁条清晰明显。她的骨架又很大，那是一把遗传有劳动人民基因的穷酸的骨头，想起来干过很多活儿，挨过不少打。她穿的是底高 6cm 的松糕鞋，以及一件颜色比当日蓝天（因为过于辉煌而让人恐惧）还要蓝的露膝连衣裙。正是这触目惊心的蓝让我忍不住数次回头。在这午睡时光，她孤独地走在发光的路面上，汗流浃背地展览自己。我看见黏稠的蓝就着汗水从她腿上流下来。就像是蓝色的经血。

后来我在宜家看见一张——我不知道为什么要说这个——伸缩型的餐桌，说明是这样写的：可延伸式餐桌，带有一个备用活动桌面，可坐四至六人，能够根据需要调节桌子的大小。不用时，备用活动桌面可被置于桌面低下，伸手可及。我站在那里，忍不住抚摸它，并蹲下去抽它的备用桌面，与此同时，我感到一种羞愤，急着要带太太离开。我说永远也不要买这种产品了，若不是它我也就不会意识到自己只拥有 50 平米不到的居住面积了。此后我还看见翻板桌、可折叠的椅子等玩意儿。我看见它们好像长着眼睛，斜睨着我(有时我在稍微高级点的餐馆或者服装店那里，也会觉得自己受到那些见多识广的服务员的歧视)。我不知道这件事和我在求知路上看见张瑞娟有什么联系，为什么我在说张瑞娟时要说它。兴许，一套抽出活动桌面后就和贵戚家一样宽敞豪华的餐桌，一件就是巴黎的模特也不敢穿的琉璃色裙子，彰显的正是让人无法容忍的穷酸。当她打着雨伞，踩着泥洼里的砖头，一步一步，走上通往一中的台阶时，我感到一种揪心。几天后，在离开故乡后，我听说我所遇见的这位姑娘死了。似乎和一桩奇怪的诅咒有关。

清晨，环卫工人李诗丽在铁路坝边上一条四尺宽的水泥小道上发现了张瑞娟的尸体。那被车轮磨得刀刃般雪亮的铁轨还在滴水。死者头发湿透，分几绺搭在头上，皮肤苍白，呈鸡皮状，手指及手掌泡松了，因而出现皱缩，有些都要脱皮了。尸体朝南方俯卧，临死前就像是被什么死死踩住，嘴唇浸在牛一口就会饮尽的浅洼中，鼻腔下鼓着泡儿。李诗丽一只手抓着垃圾钳，一只手抓着肩头背着的防风簸箕，在仍在下的毛毛雨中茫然站着，然后像是记起什么，她张牙舞爪奔到一箭之地远的早市，对着正往摊点上倒菜的个体户比划，算是比划清楚了。

随之传出的是令人寒毛卓竖的可能的死因。在得知瑞娟的死讯后，那原本打定主意要将一些事隐瞒下去的鸡公岭的住户之一，以诚实著名的温姨，努力抓着门框，却仍旧没能阻止自己瘫软下去。从短暂的昏迷中醒来后，她为了三件事：

——阴阳两界的确存在（她想起37年前失踪的亲姊妹）

——人的自私、霸道、促狭以及颟愚

——老天的完全束手旁观

而不停地抹眼泪。她感受到恐惧。然而使她身体发抖的还是对一方的憎恶以及对另一方的同情。她鼓足勇气，将婆孙二人临死前分别告诉她的话告知天下。小城由此炸开锅。很多人，包括在政府上班、宣誓信奉无神论并且确已习惯按照无神论来思考的干部，都参与到对这一事的讨论及传播中。即便讲到没什么可讲的，他们也不舍得离开，而是滞留于原地，不住地唏嘘感叹。

先是，居住于鸡公岭城乡贸易路43号的张婆在头一天的中午走出门。这一天的天气也是真不好，阴沉沉的，像是要下雨，看起来又遥远，只有风刮着落叶到处跑。老妪穿着僧袍一样的褐色外衣，

领圈上方显现出里头还穿着一件红色棉袄。渔网似的头巾包着铁灰色的头发。脸和他儿子一样瘦，布满疲乏的波纹。她驼着背，拄着龙头杖，走上街道，向人展示她左手抱着的那只刚从自家墙上摘下的黑色铝制挂钟。“我不认识字，即使认得也认不清楚，告诉我，是一点半呗？”她问。

“老人家是啊。”有人应答。

“你再看看你手表，是一点半呗？”老妪说。

“是一点半。”

于是眼泪走老妪充血的眼角急速流出，像原来那里挡了块石头，现在移开了。“我就有这样遭孽，到现在还没人回来煮饭给我吃。”她扯出那块相伴几十年的手帕，一边抹，一边发着抖，诉说自己悲惨的处境。一会儿，有人围观，她似乎觉得目下的证人无论从数量还是从质量上说都比较合格，他日定能见证自己今日的悲伤与愤怒，因此将拐杖倚在电线杆边，举起那钟就朝地上摔去。摔瘪了。

“张婆你要不先到我家吃点吧。”有人说。

“我怕是吃去死啊，吃你屋里的东西，我屋里又不是没人。”她拄起龙头杖，撴撴它，愤然走开，然后在行进途中不住地朝天哭喊：“到底有没人管啊，你们是不是存心要饿死我这老人啊。国民党那个时候都饿不死人，现在要饿死了。”

其实此前，在家里，她已将东西摔了一地。在可以说是故意也可以说是失手——起先是失手但她有机会挽回然而她却放纵后果发生——摔碎一只瓷碗之后，本着杀死一个是死、杀死十个也是死、扯了龙袍是死、打死太子也是死的豪迈，她将茶杯四只、瓷碗四只、瓷盘四只、昆仑黑白电视机（其实差不多只剩显像管）一台、红灯收音机一台、铁锅一只、喷绘了囍字的红色开水瓶一只、描绘了苍翠挺拔青松的直筒瓷壶一只、梳妆镜子一枚、花盆一只、花瓶一只、英雄碳素墨水瓶一只悉数摔碎。饮水机没办法摔，就推翻了。五斗柜也是。孙女的衣裳能扯破的都扯破了。鞋子有的扔进水缸。这把火其实走大前天就存下了，一直没熄。就像是埋藏在灰烬下边，好好拨下，火势就旺盛了。大前天孙女是 11 时 50 分回。前天是 12 时 15 分。昨天是下午 1 时。见到孙女归来，张婆就跟着嘟囔：你还知道回啊，你何不回得再晚点呢，你心中还有我这个婆没，你真是枉我从细带到大一带就是六年，六年啊，你莫不如往我碗里掺老鼠药毒死我算了，毒死我一了百了。瑞娟会冷漠且十分不解地望她一眼，然而并不辩解，也不反击。做完饭她就走掉，有如雇请来的人，不留一句话。今日张婆从 11 时 30 分照例等起，心想 12 时该回，12 时不回，12 时 30 分也该回。然而 12 时 30 分也不见回，张婆想，1 时回的时候看我怎么揪落你的耳鼓怎么用龙头拐棍打断你的狗腿。然而 1 时也不见回。老妪几次出来，看见的都是茫然而一望无尽的空气，闻的都是别家的饭香。让张婆暴跳如雷的是，她请开小卖部的陈姨帮忙致电孙女（她搜出五分钱，被陈姨推回来，说还要你老人家的钱），本想走电话里大骂，却发现对方根本不接。不但不接，后来还关了机。张婆就将能砸的都砸了。

张婆弃了钟，走桂林路、人民公园、老看守所一路觅到一中，在一中那里她往东沿溢城路走了将近两里，经人提醒才折返，走进孙女所在的求知路。她一家家店铺问，你看见我孙女没，我孙女叫瑞娟（有人答应，你孙女自十点钟出门就再没归来），问到孙女的门面。店门是开的，当中立着的乳白色复印机插着电，还在嗡嗡作响。老妪举起拐杖就打盖板，旋而又去打输纸的托盘。接邻的商户，叫陈莉的，跑来捉住拐杖，说："打不得啊，几千上万块的东西。"老妪哪里肯听，嘴里说我孙女的东西打不得要你多管闲事你硬要管这个闲事我就来打你店里的东西，那陈莉分辩道，要是你孙女没托付我看管也就罢了，既然托付了我就要负责，你想打可以你等她回来。两下里捏紧拐杖，一会儿将它向左推，一会儿将它向右推，几次三番，老的都要将小的推倒。因此小的说：“老人家不是我说你，你有这把力气，一顿饭早做好了，这会儿怕是碗都洗了，你犯不着为难你孙女，你又不是做不得。”老妪眼睛都听直了，伸手指着，指了几次，说不出话来。后来有认识的过来解劝。见有解劝的，老妪就像黑社会一样对那少女说：“你叫作什么，告诉我。”那少女本想说我叫什么关你卵事快走快走莫挡我做生意，话溜出来小半截，硬生生给夹住了。也就是走此时起，张婆开始咳嗽，她也忘记自己是怎么走回去的，只记得一路咳一路咳。“你看，都咳出血来了。”后来，她对那唯一来探视的人，温姨，说。她将手绢对折起来，保藏好血迹。过了一会儿，又打开，重温那鲜红的血丝，眼一闭，挤出一大团的眼泪来。我就有这样折毛（可怜）啊，她一边哭一边紧紧攥着温姨的手，就有这样。

老妪是在下午5时气绝身亡的。温姨（迄今她都还后悔自己要上张家去探视，那张婆自己又不是没有子女。当时，张婆返回鸡公岭时，手中抓着应是走公园捡回的丛毛，试图点燃整栋屋，然而一则因为手抖，一则因为火柴头老是刮脱，事情未遂。人们看着这童稚般认真的愤怒，致电细老张，细老张说，听凭她啊，她要干什么随她，她就是这样的脾气。人们便散了，只有温姨无法面对自己的冷漠，端着一碗肉丝汤浸泡的米饭，绕过一地的碎瓷与碎玻璃，上得二楼来）说她分明从张婆眼中看见了一种错愕。这种错愕多年前她曾在一名踩在砖瓦厂棚顶上狂跳的小孩脸上看见，很多人提醒他并不管用，直到那可能是石棉瓦也可能是油毡做的东西坼裂。他像火炉沉闷地掉下来。还挺重的。张婆一直沉浸在高强度的声震数里的嘶号声中，即便温姨用茶匙顶开她唇齿将食物硬生生推进她那发誓不接受任何人施舍的口腔中，那一丁点由食物带来的热量也很快被她消耗进更躁狂的叫喊中。你走啊，你走，你给我走，你就让我去死，她忘乎所以地喊着，直到望见死神果真站在面前。此后她的哭泣变成真的哭泣，人也似乎温顺不少，跟温姨回忆起人生最为遗憾的几件事，并交代自己要吃丸药，吃丸药人身体就会好过些。然后大概是想到这一切都是谁造成的（她怎么可能会反躬自省，想到是自己造成的呢），她捉住温姨的衣领，猛然半坐起来，愤怒地诅咒起来。

诅咒完了，她恶狠狠地对温姨说："你到时候看着。"

"好，我到时看着。"温姨说。

这样，老妪才死了。

守夜时瑞娟才出现。及腰的长发剪掉一半，嘴上涂抹有深红色的唇膏，野性，危险，富有攻击性同时夹藏着无尽的委屈。她看起来想调整自己现有的姿色以取悦于人，又想将自己彻彻底底毁掉。她的眼神犹如云雾。直到老家伙跷腿过去一两个小时，她的手机仍然关机。她应该是走有翼飞翔的消息里听说祖母死讯的，人们说，在鸡公岭，一名力拔山兮气盖世的老妪将自己活活气死了。

她回到时，第一阵到来的雨水已将鞭炮渣打湿。门前临时牵来一盏灯泡。门楣贴着绿色的对子，写着音容宛在。那些她的叔叔伯伯，穿着带泥的黑色雨靴，弯腰坐在一楼堂屋，沉默地抽烟。总是抽到一半，就有人拆开一包新的，挨个地发过去。有唉，他们一边说一边接过来夹在耳郭上。他们一齐抬头瞧这城里的侄女，又低下头去，眼神像动物一样不可捉摸。她和他们本想打招呼，然而同时都算了。（两天后当他们走殡仪馆取来老母的骨灰瓮时，每人都朝上面吐了一口唾沫，有鼻涕的还擤鼻涕，甩在上边。他们请了一台小货车来将骨灰瓮运回老家，然而在半途，因为愈想愈气愤，他们将

母亲的遗骨扔进肮脏的池塘）。楼上传来少女母亲那虚假的号啕声：我娘我娘我娘唉，你怎么就舍得丢下我们先走啊我娘啊。要假到什么程度呢，就是这哭泣完全可以与人分离，人可以去解个手再来，那哭泣声一定还会昂扬地值守在尸体旁。

瑞娟的父亲，也就是细老张，守候在二楼楼梯口，叼着烟，因为烟雾缭绕，他眯住一只眼。很显然他并不会抽烟。他试图掰开一只被万能胶粘住的盒子，耳朵与肩头则夹着手机。他一边看着瑞娟走上来，一边在电话里处理着已经是这个小时以来的第三件事（第一，他令儿子，也就是瑞娟的弟弟，瑞江，勿回，现在是备考关头，复习要紧；第二，火葬一事，殡仪馆不愿派车可以，届时我们拉回乡下土葬，别说我们违反国家政策。还有，遗体接运本是殡仪馆应该负担的义务，我们付钱他们都不接运，我就不知道他们意欲何为；第三，拆迁，如果拆的是我一家，你们怎么拆都好，我一万个同意。问题现在商铺一家连一家，东家共着西家的墙，我能做自己的主，做不了隔壁邻居的主。我昨天是这个态度，前天也是，望你们能理解，这跟我是不是党员，是不是人民教师没有关系）。这是他第一次看着女儿以这样的姿态走到眼前。没有脸，没有鼻子，没有眼睛也没有脖子。在他视线里慢慢朝上移动的是一个年轻女子的头顶。头发刚铰过，看起来像盆栽的酒瓶兰，叶片般的发丝蓬起，又朝四个方向下垂。他在那里看见轻微的战栗（那是因为她对他充满敬畏）以及几根过早到来的白丝。不单我有了白丝，我的女儿也有了。他悲伤地想，同时在对方走上来时，加重语气，把每一个字都拿捏清楚了说：

“你干的好事。”

他看见女儿的膝盖软了一下，人也哭出声来。“哭什么哭。”他补充道。接着他对已经收工的妻子（那忠诚而愚昧的仆人）说，自己先回河边去了，可能回来，也可能不回，有事情打电话。作为一个体面的人，临走时他还朝滞留于此的东邻温姨再三致谢。“这有什么好谢的。”后者一边应答，一边将那看起来伤了神的主妇扶往后房憩息。少女瑞娟因此独自据有尸体。她从草编篮子里取过黑纱，别在衣袖上，悄然移向那盖着裹尸布的老妪的躯壳。以前在二中念书，课间休息时同学们会疯狂奔向铁路坝，去参观由草席随便盖着的遭火车辗轧的尸首。人对死亡的好奇，是一种与生俱来的本能，现在也是这样，虽然少女看起来在这一天已经经历了很多的事，精神已极度疲劳。老妪朝上翻着眼白，嘴巴与鼻腔大张，几颗没掉完的牙齿像是乱石伸在外边。她就像是在打鼾的途中停顿了，接下来还会把剩余的空气吞进去。那些听讲的姐妹后来说：“神对以色列说，约瑟必给你送终，将手按在你的眼睛上。然而张奶奶到死都是睁着眼的。”

然后是少女在哭。这种哭充满对成人那种哭法的模仿。瑞娟捶打床沿，高声谴责自己没有给祖母好好做饭，正因为没吃上这顿饭祖母死了（“不是吗，不是吗，难道不是这样吗？”她自问自答着），同时她也没有及时回到祖母临终的床前。她就这样像模像样地将责任揽在自己身上，却不承想，事实其实就是如此。后来不知怎的，也许是想到人生种种不愉快和绝望的事，少女索性放开缰绳，几乎是跳着在尸体旁号啕。温姨匆忙赶来，拍打这哭得癫狂的少女的背部，说：“要得啊，要得，哭这样就要得，别伤着了身体。”可是少女还是“我婆啊”“我婆”地叫唤下去，几次翻白眼要昏死过去。温姨就这么一直照护着，直到少女回到这理性而正常的世界。她脸上泪痕犹在（就像刚泼了一大盆水），人却已彻底冷静。她冷静，同时又带着不解，几乎像是小学生那样懵懵懂懂地跟温姨说：“我搞不懂我婆为什么要说这个，我刚刚好像听见她说：我要是死了，就一定把你带走。”温姨几乎是条件反射式地站起身，她脸色煞白。半小时后当她回到自己家时，照镜子，发现自己的脸仍旧煞白，不见一

丝血色。直到现在，一想起瑞娟对她说出这样一句话她仍旧感到身体发冷。因为在老妪就要死的时候，她听见老妪也是这样说的，一个字也不差："我要是死了，我就一定把她带走。"

为了证明自己所言非虚，老妪攥紧温姨的手，说："你到时候看着，你看我把她带走不。"

有些人回忆，凌晨的时候，他们在爱琴湖酒吧看见佩戴黑纱的少女张瑞娟。祖母的死让她有了酗酒的借口，她总是说，你知道吗，我婆死了，养我长大的婆死了。她一边说一边止不住出眼泪。大雨下了一夜，像是《圣经》上说的，大渊的泉源都裂开了，天上的窗户也敞开了。清晨，环卫工人李诗丽发现瑞娟俯卧于水洼，已经死了。李诗丽后来返回现场。两名带棉纱手套的雇工在法医指挥下将尸体翻过来，人们发出惊叹声，在尸体发白的腰部那里有一个尖锐的凹洞，那是因为尸体压在石尖上，压了一夜。李诗丽一直心疼地注意着死者右手中指佩戴的那枚发光的戒指，她曾长时间做心理斗争，要不要将它捋下来。

法医否认是他杀，更否认是移尸于此。"如果是自己溺死的，这么一口水怎么能溺死自己？"细老张说。"那是你没见过而已。"法医小袁说，小袁毕业于赣南医学院，是高才生，人们比较信他。最终，细老张抱起女儿湿漉的尸体。她眼球睁着，很可怕，牝鹿般的细腿极为松弛地垂下。她如今是那么瘦，和童年那个肥胖的小孩已完全不是一码事，她将自己减肥减到不足 70 斤。起初，细老张听说消息朝这里跑时，怎么跑也跑不起来，走又嫌慢，因此他是跳，一路将自己跳过来的。一看见自己的女儿，他就忍不住大把地掉下泪来。

选自《情史失踪者》（2016 年）

销　魂

其一

前六八四年（蔡哀十一年，楚文六年，鲁庄十年）

息妫途径蔡国

《史记·管蔡世家》："哀侯十一年，初，哀侯娶陈，息侯亦娶陈。息夫人将归，过蔡。"《史记》研究会名誉会长韩兆琦注云："归，回国省亲。过，经过。"《左传·庄十》记的是："蔡哀侯娶于陈，息侯亦娶焉。息妫将归，过蔡。"已故语言学家杨伯峻注云："蔡侯盖先娶，息侯此时始娶。出嫁曰归。过，经过。陈都宛丘，今河南省淮阳县；蔡都在今河南省上蔡县西南，故息妫由陈至息必过蔡。"

若是"归宁"（省亲），则息妫此行是从息国返回陈国。若是"出嫁"，则是从陈国去往息国。陈国在蔡国北，蔡国在息国北（当知息国又在楚国北）。

《史记·管蔡世家》："蔡侯不敬。"

《左传·庄十》："蔡侯曰：'吾姨也。'止而见之，弗宾。"

杨伯峻云"妻之姊妹曰姨"。东汉高诱云"妻之女弟为姨"。

“止而见之，弗宾”，依西晋杜预注，“不礼敬也”。杨伯峻认为“此所谓弗宾，盖有轻佻之行”。

其二

同年

息侯怒

《史记·管蔡世家》：“息侯怒。”

《左传·庄十》：“息侯闻之，怒。”

息国的情况在历史上记载不多。《左传·隐十一》曾记：“郑、息有违言，息侯伐郑，郑伯与战于竟（境），息师大败而还。君子是以知息之将亡也：‘不度德，不量力，不亲亲，不征辞（征，审也，明也，问也），不察有罪。犯五不韪，而以伐人，其丧师也，不亦宜乎？’”这是公元前七一二年的事，在妫氏抵息的二十八年前。成语“不自量力”即根据这一史实而来。杨伯峻曰：“息，一作鄎，姬姓之国（所谓不亲亲，即谓息郑同为姬姓国，宜相亲），不知初封于何时何人，息故城当在今河南省息县。清《一统志》引《息县志》，谓有古息里在县治西南十五里，即息侯国。”从史书记载“息侯”知道息国所封爵位为侯爵。息县今属信阳市管辖。执教于信阳师范学院文学院的闫梦莲根据《左传·隐十一》的记载得出一个判断：“息国在东周初年国力较为强大，并且在诸侯纷争之时想有所表现，并取得一定的话语权，然而它选错了对象。这一仗以息国失败而告终，也使它从此一蹶不振。”（见其论文《息国历史与地理论考》）

其三

同年

息侯导楚伐蔡

《史记·管蔡世家》："息侯请楚文王：'来伐我，我求救于蔡，蔡必来，楚因击之，可以有功。'"

《左传·庄十》："（息侯）使谓楚文王曰，'伐我，吾求救于蔡而伐之'。"

息侯言"蔡必来"，理由可能是因为他和蔡侯均为周后裔（姬姓），蔡国首君蔡叔度者，为周武王同母兄弟。同时息侯与蔡哀侯同娶于陈，可算姻亲。而楚为外姓（芈），先人之荣耀不过是服侍周文王（指鬻熊为文王火师），且自认蛮夷，时为周之勍敌。冯梦龙在《东周列国志》里这样演绎息侯的计划及其得逞过程："（息侯）乃遣使入贡于楚，因密告楚文王曰，'蔡恃中国，不肯纳款。若楚兵加我，我因求救于蔡，蔡君勇而轻，必然亲来相救。我因与楚合兵攻之，献舞（即蔡哀侯）可虏也。既虏献舞，不患蔡不朝贡矣'。楚文王大喜，乃兴兵伐息。息侯求救于蔡，蔡哀侯果起大兵，亲来救息。安营未定，楚伏兵齐起。哀侯不能抵当，急走息城。息侯闭门不纳，乃大败而走。楚兵从后追赶，直至莘野，活虏哀侯归国。息侯大犒楚军，送楚文王出境而返。"

《左传·庄十》："楚子（楚文王）从之。秋九月，楚败蔡师于莘（今河南省汝南县境内），以蔡侯献舞归。"《史记·管蔡世家》："楚文王从之，虏蔡哀侯以归。哀侯留九岁，死于楚。"然而在《史记·楚世家》记载的是："（文王）六年，伐蔡，虏蔡哀侯以归，已而释之。"杨伯峻认为："此盖太史公所据不同，故所说有异。"

其四

前六八三年（蔡哀十二年，楚文七年，鲁庄十一年）

蔡哀侯诱楚灭息

《左传·庄十四》："蔡哀侯为莘故，绳（誉也）息妫以语楚子。楚子如息，以食入享（设享礼招待息侯），遂灭息。以息妫归，生堵敖（即庄敖）及成王焉。未言。楚子问之。对曰：'吾一妇人，而事二夫，纵弗能死，其又奚言？'楚子以蔡侯灭息，遂伐蔡。秋七月，楚入蔡。"

楚军攻入蔡国是鲁庄公十四年（前六八〇年）之事，此时息妫已为楚文王诞二子，可推算息灭国应在此两年前。闫梦莲在其论文《息国历史与地理论考》中引用已故史学家徐旭生在《中国古史的传说时代》一书中得出的结论："考楚的灭息是因为蔡哀侯败于莘怀恨，那末，应在庄公十年九月以后。到庄公十四年秋天息妫已经生了两个孩子，那么，灭息当在庄公十年冬至十二年间。"闫梦莲因此推断："息之灭亡当在楚人虏蔡哀侯的次年，即鲁庄公十一年（前六八三年）。"杨伯峻亦曰："此（指灭息）当是（庄公十四年）前数年之事，此年息妫则已生二子矣。《吕氏春秋·长攻篇》云：'楚王欲取息与蔡，乃先佯善蔡侯，而与之谋曰：吾欲得息，奈何？蔡侯曰：息夫人，吾妻之姨也。吾请为飨息侯与其妻者，而与王俱，因而袭之。楚王曰：诺。于是与蔡侯以飨礼入于息，因与俱，遂取息。旋舍于蔡，又取蔡。'所叙与《左传》不尽合，难以尽信。然楚子如息，以食入享，则有相近处。"

《左传·哀十七》载："子古曰：'……彭仲爽，申俘也，文王以为令尹，实县申、息，朝陈、蔡，封畛于汝。'"杜预注曰："楚文王灭申、息以为县。”由此我们可知息灭国后的收场。

息侯的结局不明（唯《列女传》作如是讲：“夫人者，息君之夫人也。楚伐息，破之。虏其君，使守门。”）。而息国子民则成为楚国北伐主力。《左传·僖二十五》记：“秋，秦、晋伐鄀。楚斗克、屈御寇以申、息之师戍商密（鄀国都也）。”事在前六三五年，杨伯峻注：“斗克时为楚之申公，屈御寇时为楚之息公，楚之地方长官皆称公。楚国经营中国，常用申、息之师。”

其五

前六八三年—前六八〇年

息妫诞熊艰、熊恽

《左传·庄十四》：“以息妫归，生堵敖及成王焉。”

堵敖，《史记·楚世家》作庄敖（子熊艰立，是为庄敖）。成王，即楚成王，《史记》作熊恽。

其六

前六八〇年（蔡哀十五年，楚文十年，鲁庄十四年）

息妫悒怏

《左传·庄十四》：“（息妫）未言。楚子问之。对曰：‘吾一妇人，而事二夫，纵弗能死，其又奚言？’”

对于“未言”，杨伯峻注云：“《礼记·丧服四制》云：‘礼，斩衰之丧，唯而不对；齐衰之丧，对而不言。’（东汉）郑（玄）注云：‘言谓先发口也。’正此言字之义。”

斩衰、齐衰为“五服”中最重的两种丧服。

杜预认为“未言”是“未与王言”。

西汉刘向编撰《列女传》，息君夫人位列“贞顺传”，云：“夫人者，息君之夫人也。楚伐息，破之。虏其君，使守门。将妻其夫人，而纳之于宫。楚王出游，夫人遂出见息君，谓之曰：‘人生要一死而已，何至自苦。妾无须臾而忘君也，终不以身更贰醮。生离于地上，岂如死归于地下哉。’乃作《诗》曰：‘谷（活）则异室，死则同穴。谓予不信，有如皦日。’息君止之，夫人不听，遂自杀，息君亦自杀，同日俱死。楚王贤其夫人，守节有义，乃以诸侯之礼合而葬之。君子谓夫人说（悦）于行善，故序之于诗。颂曰：楚虏息君，纳其适妃，夫人持固，弥久不衰，作诗同穴，思故忘新，遂死不顾，列于贞贤。”

绥化学院副教授高方在其论文《历史原态与文化重写——以息夫人形象迁移为例》中认为：“刘向写成《列女传》，目的在于劝谏皇帝、嫔妃及外戚，息夫人故事从被掳再嫁到守身殉情的形态变化，鲜明地体现了刘向以男权立场宣扬节烈思想的主要意图。”阿坝师专助理研究员王利明在其论文《〈列女传〉对息妫形象的重构》中云：“在刘向笔下，息妫是烈节贞妇的典范。为了塑造这一形象，《列女传》通过忽略息妫改嫁的事实突出‘终不以身更贰蘸’的思想，设计息妫息君‘同日俱死’的情节，塑造‘守节有义’的贞妇形象。”这些观点可供参考。而根据《左传·庄二十八》记载，我们知道在楚文王死后十年，文夫人（息妫）仍安居于宫中。另，也有人认为《列女传》与《左传》所记非一人。已故学者陈子展认为，《列女传》明言适妃与夫人为二，适妃为楚王所纳，盖息妫也（楚虏息君，纳其适妃，夫人持固，弥久不衰）；夫人则行善守义自杀矣。他在《诗经直解·卷六》中还提及，（清）吴骞《拜经楼诗话》谓息妫不归楚而自杀，归楚为息妫之侄娣媵息（随嫁至息）者，（清）陶方琦《汉孳室文钞·息夫人非息妫说》谓息妫归楚，而自杀者为别一息夫人。

后世诗词写息妫者，多立足“未言”。如李白《望夫石》：有恨同湘女，无言类楚妃。王维《息夫人》：看花满眼泪，不共楚王言。杜牧《题桃花夫人庙》：细腰宫里露桃新，脉脉无言几度春。邓汉仪《题息夫人庙》：楚宫慵扫眉黛新，只自无言对暮春。千古艰难惟一死，伤心岂独息夫人。韦庄《庭前桃》：带露似垂湘女泪，无言如伴息妫愁。

息妫，妫姓，或为陈国君之女，或为陈世家大族之女。

其七

同年

楚文王因息妫侵蔡

《左传·庄十四》：“楚子以蔡侯灭息，遂伐蔡。秋七月，入蔡。”

杜预注：“欲以说（悦）息妫。”

杨伯峻注：“获大城焉曰入之，弗地（胜其国邑，不有其地）曰入，此或兼有两义。”

据《史记·管蔡世家》可知，周武王同母兄弟十人，第五为叔度，封于蔡（都城在今河南省上蔡县），因作乱被逐。叔度子胡率德驯善，周成王复封胡于蔡。蔡哀侯是第十三代国君，留（楚）九岁，死于楚（前六七五年），蔡人立其子肸，是为蔡缪侯。缪侯女弟（妹也）嫁齐桓公，荡舟，桓公莫能止，驱蔡女。缪侯改嫁其女弟。齐桓公怒而伐蔡，虏蔡缪侯，后因诸侯求情，释蔡缪侯。又数代，蔡景侯通奸于儿媳，为儿子蔡灵侯弑。公元前五三一年，楚灵王以蔡灵侯弑父，在申地将蔡灵侯诱杀，并灭蔡，以己弟弃疾为蔡公。弃疾即位（楚平王）后，立蔡景侯少子庐为蔡平侯，复蔡国（蔡平侯迁都新蔡，今河南省新蔡县）。后灵侯之孙攻平侯之子而立，是为蔡悼侯。悼侯卒后，弟昭侯立，昭侯因未向楚相献裘，被扣楚国三年。昭侯归国后，请与晋伐楚（《左传·定四》云：蔡侯如晋，以其子元与其大夫之子为质焉，而请伐楚）。后在楚攻蔡的情况下，蔡昭侯又使其子为质于吴，以共伐楚。其结果是与吴王破楚入郢。楚昭王复国后，蔡恐，告急于吴，吴为蔡远，约迁以自近，因此蔡昭侯迁都于州来（即下蔡，今安徽省凤台县）。君位传至第二十五代（侯齐），为楚惠王灭，蔡绝祀。蔡自公元前一〇四五年建国，至前四四七年灭国，历时五百九十八年。

因一时轻佻而招敌入国，《左传》置评之："君子曰，《商书》所谓'恶之易（蔓延）也，如火之燎于原，不可乡（向）迩，其犹可扑灭'者，其如蔡哀侯乎。"

其八

前六七五年（蔡哀二十年，楚文十五年，鲁庄十九年）

楚文王、蔡哀侯卒，楚庄敖即位

《史记·楚世家》："（楚文王）十三年，卒，子熊艰立，是为庄敖。"楚文王十三年即前六七七年。《左传·庄十九》所记楚文王卒年则为前六七五年，云："（鲁庄）十九年春，楚子御之（御巴人），大败于津。还，鬻拳弗纳。遂伐黄，败黄师于碏陵。还，及湫，有疾。夏六月庚申（十五日）卒，鬻拳葬诸夕室，亦自杀也，而葬于绖皇（文王地宫的前庭）。"杨伯峻认为《史记》的记载恐怕有误。

《史记·管蔡世家》记蔡哀侯在楚留九岁，死。死年即前六七五年。

其九

前六七二年（庄敖三年，鲁庄二十二年）

熊恽弑兄自立，是为楚成王

《史记·楚世家》："庄敖五年，欲杀其弟熊恽，恽奔随，与随袭弑庄敖代立，是为成王。"

《史记》前文记载，庄敖于楚文王十三年（前六七七年）立，庄敖五年，即前六七二年。若以《左传》计算，庄敖应于楚文王十五年（前六七五年）立，庄敖五年，应为前六七〇年。北大中文系教授李零在《史记》"庄敖五年"处注："据《左传》文王、成王年数，'五年'应作'三年'。"

其十

前六六六年（楚成六年，鲁庄二十八年）

令尹子元诱息妫遭拒，伐郑

《左传·庄二十八》："秋，（楚令尹）子元以车六百乘伐郑，入于桔柣之门（远郊之门）。子元、斗御彊、斗梧、耿之不比为旆（旌旗有旒者曰旆，前军也），斗班、王孙游、王孙喜殿（殿后）。众车入自纯门（郑外郭门），及逵市（郑国城外大路之市场）。县门不发（县门，悬门，犹闸门，县门不发谓内城闸门不曾放下，空城计也），楚言而出（楚军讲着郑人不懂的方言，撤退）。子元曰：'郑有人焉。'诸侯救郑，楚师夜遁。郑人将奔桐丘，谍告曰：'楚幕有乌'（杨伯峻注：幕，帐幕，幕无人居，乌鸦止其上，言楚逃

矣）。乃止。”

令尹者，据执教于吉林师大的谭黎明的论文《论春秋战国时期的楚国官制》介绍，为楚国宰辅名，集政治、军事、司法、外交等职权为一身，地位仅次于王，多由有王族血统的人担任（谭引用先秦史研究者宋公文在《楚史新探》一书中的统计，春秋战国楚令尹历计四十六人，其中四十二人楚籍，三十九人有王族血统）。

子元系楚武王子，楚文王弟。

子元因何伐郑呢，《左传·庄二十八》记：“楚令尹子元欲蛊（诱也）文夫人（息妫），为馆于其宫侧，而振万焉。夫人闻之，泣曰：‘先君以是舞也，习戎备也。今令尹不寻（用也）诸仇雠，而于未亡人之侧，不亦异乎。’御人①以告子元。子元曰：‘妇人不忘袭讐（讐同雠），我反忘之。’”

此事记载于《左传·庄二十八》，却不能确定就是发生于鲁庄二十八年（前六六六年）。只能略做因果之想。先有子元诱引其嫂遭拒，后有其草率侵郑。“振万”，杨伯峻注曰：“《礼记·乐记》记云‘天子夹振之’，注云：‘夹振之者，上与大将夹舞者振铎以为节也。’然则武舞必振铎以为节，故舞万曰振万。万为舞名，包括文舞与武舞。文舞执籥（形状像笛）与翟（雉羽），故亦名籥舞、羽舞，《诗经·北风·简兮》所谓‘公庭万舞，左手执籥，右手秉翟’者是也；武舞执干与戚，故亦名干舞。万舞亦用于宗庙之祭祀。”

令尹所以诱嫂之舞，形式上是武舞。

---

① 杨伯峻注：疑是夫人之侍者。

其十一

前六六四年（楚成八年，鲁庄三十年）

子元被杀

《左传·庄三十》："楚公子元归自伐郑，而处王宫（杨伯峻注：欲遂蛊文夫人），斗射师（杜预以之为斗廉，大夫）谏，则执而梏之（杨伯峻注：楚伐郑是庄二十八年——前六六六年——事，此亦当是二十八年事，距今二年）。（庄三十年，即六六四年）秋，申公斗班杀子元。斗穀於菟为令尹，自毁其家，以纾楚国之难。"

对子元被杀，《东周列国志》大有演绎：再说楚子元自伐郑无功，内不自安，篡谋益急，欲先通文夫人，然后行事。适文夫人有小恙，子元假称问安，来至王宫，遂移卧具寝处宫中，三日不出。家甲数百，环列宫外。大夫斗廉闻之，闯入宫门，直至卧榻，见子元方对镜整鬓，让之曰："此岂人臣栉沐之所耶？令尹宜速退。"子元曰："此吾家宫室，与射师何与？"斗廉曰："王侯之贵，弟兄不得通属，令尹虽介弟，亦人臣也。人臣过阙则下，过庙则趋，咳唾其地，犹为不敬，况寝处乎？且寡夫人密迩于此，男女别嫌，令尹岂未闻耶？"子元大怒曰："楚国之政，在吾掌握，汝何敢多言？"命左右梏其手，拘于庑下，不放出宫。文夫人使侍人告急于斗伯比之子斗穀於菟，使其入宫靖难。斗穀於菟密奏楚王，约会斗梧、斗御彊及其子斗班，半夜率甲以围王宫，将家甲乱砍，众俱惊散。子元方拥宫人醉寝，梦中惊起，仗剑而出，恰遇斗班亦仗剑而入。子元喝曰："作乱乃孺子耶？"斗班曰："我非作乱，特来诛乱者耳。"两下就在宫中争战。不数合，斗御彊、斗梧齐到，子元度不能胜，夺门欲走，被斗班一剑砍下头来。斗穀於菟将斗廉开梏放出，一齐至文夫人寝室之外，稽首问安而退。次早，楚成王熊恽御殿，百官朝见已毕，楚王命灭子元之家，榜其罪状于通衢。

从这以后，斗氏（若敖氏）兴于楚。

其十二

前六三二年（楚成四十年，晋文四年，鲁僖二十八）

城濮大战，子元之子启助晋胜楚

史书未载文夫人（息妫）卒于何年。不过，当年由蔡哀侯献舞惹下的祸殃，似乎在半个世纪年后仍在发作。即前六三二年爆发的城濮大战。张荫麟《中国史纲》认为："就在这一战中，楚人北指的兵锋初次被挫，（晋）文公成就了凌驾齐恒的威名，晋国肇始他和楚国八十多年乍断乍续的争斗。"

前五四七年，蔡国大夫声子，一位政治上的掮客或曰牙人，与楚令尹子木进行了一场著名的对话。《国语》与《左传》均有记载。当时，声子沿郑国北去晋国，又南返抵楚。子木接见了他。蔡与晋为姬姓国，蔡与楚为甥舅。子木想从说合晋楚两国的声子口中得到一个问题的答案："晋大夫与楚孰贤。"声子惦记的却是如何让楚召回北逃的大夫：伍举。声子与伍举是世交。翻史书时，我常以为，伍家人素以楚王家人自居，时刻对楚王可能出现的堕坏行为保持警惕与忧虑，以此表达自己的忠心。王室很器重伍家。然而这一次，伍举却因为丈人的畏罪潜逃而不能自证清白，只能跟着跑向郑国，此后还要奔晋（山东大学教授鲍思陶认为：郑小而近，故欲奔晋）。在郑郊，声子遇见伍举，二人铺草而食，声子说你现在可以去辅佐晋侯成就伯业了，伍举却矢志"归骨于楚"，并赠声子乘马，声子答应想办法。

声子对子木的回应是教科书式的。他先说晋卿不如楚，大夫却贤过楚国。析其缘由，这些贤大夫又是楚输送过去的（所谓虽楚有材，不能用也）。声子一共举了四个例子，然后说：今又有甚于此者。（伍举）今在（奔）晋矣。彼若谋害楚国，岂不为患？

子木愀然变色，许诺增伍家禄爵，并请伍举子伍鸣迎父归楚。

声子所举的四个例子，《左传·襄二十六》记载的是：

一、析公——因子仪之乱奔晋——绕角之役（前五八五），晋将遁，被析公劝止——晋战胜楚。声子曰：“楚失华夏，则析公之为也。”

二、雍子——因父兄构陷奔晋——彭城之役（前五七三），晋将遁，雍子发命于军：“归老幼，反孤疾，二人役，归一人，简兵蒐乘，秣马蓐食，师陈焚次，明日将战。”——楚宵溃。声子曰：“楚失东夷，则雍子之为也。”

三、巫臣——因争夺夏姬奔晋——通吴于晋，教吴叛楚，吴于是袭楚（前五八四）——楚一岁七奔命。声子曰：“（吴）至今为患，则子灵（巫臣）之为也。”

四、贲皇——因若敖族叛奔晋——鄢陵之战（前五七五），晋将遁，被贲皇劝止——楚溃，楚共王失一目。声子曰：“楚失诸侯，则苗贲皇（贲皇奔晋，晋与之苗邑）之为也。”

《国语·楚语上》记载的是：

一、启——因子元之乱奔晋——城濮之战（前六三二），晋将遁，被启劝止——楚溃。声子曰：“大败楚师，则王孙启之为也。”

二、析公——因子仪之乱奔晋——晋人用之。声子曰：“寔谗败楚，使（楚）不规（鲍思陶注：犹有也）东夏，则析公之为也。”

三、雍子——因父兄构陷奔晋——鄢陵之役（前五七五），晋将遁，被雍子劝止——楚师大败。声子曰：“（楚共）王亲面伤，则雍

子之为也。”

四、巫臣——因争夺夏姬奔晋——寔通吴晋，导吴伐楚（前五八四）。声子曰：“（吴）至于今为患，则申公巫臣之为也。”

《国语》对启叛楚扶晋这一段的详细叙述是：

(声子）对曰：“昔令尹子元之难，或谮王孙启（启，子元子也）于成王，王弗是，王孙启奔晋，晋人用之。及城濮之役，晋将遁矣，王孙启豫于军事，谓先轸曰：‘是师也，唯子玉欲之，与王心违，故唯东宫与西广寔来。诸侯之从者，叛者半矣，若敖氏离矣，楚师必败，何故去之？’先轸从之，大败楚师，则王孙启之为也。”

这件事《国语》有而《左传》无，翻《左传》《史记》关于城濮之战记载，也未见启的踪迹。而且有一点，声子在游说的过程中，为了引起对方的恐惧，言语中暗藏恐吓，多有夸大其词之处，特别是对谋士作用的夸大。谋士当然有用，但真正能起到声子所说的那么大的作用，在他处记录时必然也会浓墨重彩，情况却并非如此。

发表于 2016 年《芙蓉》第二期